고미숙의
근대성 3부작
02

근대적 여성성과 사랑의 탄생

연애의 시대

고미숙의 근대성 3부작 02

연애의 시대 : 근대적 여성성과 사랑의 탄생

발행일 초판6쇄 2024년 7월 15일(甲辰年 辛未月 庚辰日) | **지은이** 고미숙 | **펴낸곳** 북드라망 | **펴낸이** 김현경 | **주소** 서울시 종로구 사직로8길 24 1221호(내수동, 경희궁의아침 2단지) | **전화** 02-739-9918 | **이메일** bookdramang@gmail.com

ISBN 978-89-97969-32-6 04910 978-89-97969-34-0(세트) | 이 도서의 국립중앙도서관 출판시도서목록(CIP)은 서지정보유통지원시스템 홈페이지(http://seoji.nl.go.kr)와 국가자료공동목록시스템(http://www.nl.go.kr/kolisnet)에서 이용하실 수 있습니다.(CIP제어번호: CIP2014010100) | Copyright © 고미숙 저작권자와의 협의에 따라 인지는 생략했습니다. 이 책은 지은이와 북드라망의 독점계약에 의해 출간되었으므로 무단전재와 무단복제를 금합니다. 잘못 만들어진 책은 서점에서 바꿔 드립니다.

책으로 여는 지혜의 인드라망, 북드라망 www.bookdramang.com

근대적 여성성과 사랑의 탄생

연애의
시대

고미숙 지음

BookDramang
북드라망

'멜로의 판타지'와 연애의 시대

〈시크릿 가든〉, 〈해를 품은 달〉, 〈별에서 온 그대〉. 지난 몇 년에 걸쳐 공전의 히트를 친 멜로드라마들이다. 남자주인공들의 변천사가 흥미롭다. 재벌 2세(시크릿 가든)에서 조선의 왕(해를 품은 달), 그리고 외계인(별에서 온 그대)이다. 부와 권력은 물론이고 이젠 초능력까지 필요하다. 여성들의 눈이 이렇듯 높아진 것이다. 어디 그뿐인가. 외모도 뛰어나야 한다. 훈남에 동안은 기본이다. '별그대'의 주인공은 무려 400살을 (처)먹었는데도 20대의 해맑은 얼굴을 하고 있다. 헐~(이쯤 되면 뱀파이어 아닌가?) 이게 다가 아니다. 이런 남자가 지고지순한 순정을 바쳐야 한다. 오직 나만을 바라보고 나만을 사랑해 주고 또 지켜 줘야 한다. 죽을 때까지 주욱~.

근데, 좀 이상하다. 지금 여성들은 남성들보다 훨씬 유능하다. 사회 전 분야에 거침없이 진출하고 있다. 이렇게 대단한 '넘'을 만날 필요가 없다. 지켜 주지 않으면 위험할 정도로 나약하지도 않다. 근데 왜? 그냥 다다익선! 여성들이 어느새 '탐욕의 화신'이 되어 버린 것. 더 놀라운 건 이렇게 대단한 남자가 순정을 바칠 거라고 (아니 그래야 한다고) 생각하는 것이다. 망상도 이런 망상이 없다. 부귀에 초능력까지 갖춘 남자가 한 여자에게 순정을 바치는 건 낙타가 바늘구멍에 들어가기보다 더 어렵다. 그게 우주의 섭리다(궁금하신 분들은 명리학을 탐구해 보시라~).

그럼에도 이 무모한 망상게임을 멈추지 않는 이유는 무엇일까? 사랑의 판타지 역시 소유와 증식의 레일 위를 달리고 있기 때문이다. 사랑은 아무리 원해도 괜찮다, 사랑이라는 이름으로는 어떤 욕망도 다 용납된다. 왜? 사랑은 순수하고 아름다우니까. 더 나아가 이런 사랑을 받아야 비로소 여성의 삶은 완성된다고 간주한다. 아무리 성공해도, 그 어떤 성취를 이룬다 해도 이런 지순한 사랑을 받지 못하면 여성의 존재감은 추락하고 만다. 결국 이 '후천개벽'의 시대에도 여성은 남성을 통한 인정욕망에서 자유로울 수 없다는 뜻인가. 그렇다면 여성의 자유와 해방은 대체 언제나 가능하단 말인가. 아니 그 이전에 대체 이런 '여성' 혹은 '여성성'은 어디로부터 유래한 것일까?

이 책은 그에 대한 계보학적 탐색이다. 20세기 초 서구의 도래와 함께 이 땅엔 전혀 다른 삶의 양식이 이식되었다. 연애도 그

중 하나다. 청춘이 되면 자연스레 짝짓기를 하고 성혼을 하던 시대가 가고, 있는 대로 힘을 주고 온갖 꼼수를 다 동원해 짝을 찾아야 하는 시대가 도래한 것이다. 이른바 '자유연애'의 시대가. 이 자유는 참으로 부자유하다. 그도 그럴 것이 애국심과 신앙, 순결과 비극성 등의 표상이 그 위에 덧씌워졌기 때문이다. 자본이 모든 기호를 다 먹어 치운 이 21세기에도 역시 마찬가지다. 이제는 무한증식과 불멸을 향해 달려가는 자본의 이미지와 오버랩되어 버렸다. 멜로의 판타지가 그 뚜렷한 증거다. 생명의 자연스러운 표현이자 활동으로서의 '섹슈얼리티'와는 더더욱 멀어진 것이다.

멜로는 언제나 해피엔딩이다. 온갖 고난과 장벽을 넘어 마침내 두 남녀가 결합하여 아들 딸 낳고 잘 먹고 잘살았다는 식으로 끝난다. 과연 그럴까? 멜로의 후일담이 궁금한 이들은 아침 드라마나 일일 드라마, 아니 〈사랑과 전쟁〉을 보시면 된다. 거기에 나오는 막장커플들도 다 멜로의 결실이다. 그렇다면, 멜로의 끝은 해피엔딩이 아니라 막장인 셈. 그렇다! 순정과 막장을 오가는 것이 우리 시대 연애와 결혼의 현장이다. 이제 그만 이 뻔하고 지루한 반복의 늪을 빠져나올 때가 되지 않았을까? 사랑과 성, 그리고 '여성성'에 대한 새로운 가능성을 모색할 때도 되지 않았는가 말이다.

계보학이 필요한 지점이 바로 여기다. 우리가 자명하다고 믿는 것들이 결코 진리가 아니라는 것, 어느날 문득 외계로부터 뚝 떨어져 진리로 군림하게 되었다는 것, 하여 결코 삶의 실상이 아니라 망상에 불과하다는 것. 그런 점에서 계보학은 망상을 깨부수는 망치다. 이 책도 그런 망치의 하나가 되기를 기대한다.

*　　*　　*

1. 이 책에 등장하는 자료들은 주로 근대계몽기에 속한 것들이다. 근대계몽기란 이 땅에 근대성이 정초된 '기원의 장'으로 1894년(갑오동학혁명/갑오개혁)에서 1910년(한일병합)까지를 이르는 말이다. 한편으론 일제 병탄倂呑이 진행된 시기이지만, 다른 한편 계몽운동이 왕성하게 벌어진 연대이기도 하다.

　　당시는 신문이 문명과 구국의 첨병이었다. 『독립신문』, 『대한매일신보』, 『황성신문』 등이 그 중심에 있었다. 특히 『대한매일신보』의 활약은 눈부시다. 이 매체의 계몽운동이 가장 절정에 이른 순간이 1907년이다. 을사조약(1905년)에 이어 이 해에 체결된 정미7조약으로 이미 대세는 기울었다. 그런데 놀랍게도 이 해는 언문일치운동이나 국채보상운동 등 문명개화를 향한 계몽운동이 범국민적 차원에서 벌어진 시기이기도 했다. 이 시대의 중요한 거울인 '계몽가사'가 폭발적으로 창작되기 시작한 것도 이때부터다. 그런 점에서 이 책은 '응칠'(응답하라 1907)의 한 버전에 해당한다.

2. 나는 자타공인(⌣) 고전평론가다. 고전평론이란 오래된 고전을 우리 시대의 첨예한 문제와 '사선으로' 연결하는 글쓰기를 말한다. 이 작업을 제대로 수행하려면 근대성에 대한 심층적 탐구는 기본이다. 『한국의 근대성, 그 기원을 찾아서』(2001), 『나비와 전사』(2006), 『이 영화를 보라』(2008) 등이 그간에 제출된 결과물이다.

디지털 문명이 고도화되면 '근대성'이라는 테마는 시효가 다할 것이라 생각했다. 하지만 착각이었다. 21세기가 되어도 사람들의 의식은 놀라울 정도로 20세기에 갇혀 있었다. 어떤 점에선 더더욱 긴박되었다. 하여, 근대성에 대한 계보학적 탐색이 여전히 유효하다는 판단하에 이 '근대성 3부작'을 출간하게 되었다. 이전에 제출한 세 권의 저술을 주제별로 '리메이크' 하면서 부분적으로 수정·첨삭을 가하였다. 주제의 밀도는 높이고 독자들과의 소통회로는 넓히자는 취지에서다. 이 책 『연애의 시대』는 그 3부작의 제2권이다.

2014년(갑오년) 4월

남산 아래 '감이당' 공부방에서

고미숙

차 례

일러두기

1 이 책에 인용되어 있는 『독립신문』, 『대한매일신보』 등을 비롯한 근대계몽기의 자료들은 원문 그대로가 아니라 현대적 표기로 수정을 가한 문장입니다(원문은 '한국역사정보통합시스템' 홈페이지 www.koreanhistory.or.kr에서 '근현대신문자료'를 선택하시면 보실 수 있습니다). 또한 인용문의 강조 표시(고딕체로 표기)는 모두 인용자의 것입니다.

2 근대계몽기의 자료를 제외한 인용 서지의 표기는, 해당 서지가 처음 나오는 곳에 지은이, 서명, 출판사, 출판 연도, 인용 쪽수를 모두 밝혔으며, 이후에 다시 인용할 때는 지은이, 서명, 인용 쪽수만으로 간략히 표시했습니다.

3 영화를 다루는 부록에 나오는 영화의 대사들은 표준어 표기를 따르지 않고 입말 그대로 표기했습니다.

4 신문 및 잡지 이름, 단행본, 장편, 자료집 등에서는 겹낫표(『 』)를 썼으며, 신문 및 잡지의 기사, 논문, 단편, 단행본의 장제목 등에는 낫표(「 」)를 썼고, 영화나 드라마에는 꺾쇠표(< >)를 사용했습니다.

1장
여성은 어떻게 국민이 되었나?

"어머니는 눈물을 흘리면서 말하였다.

'이것은 네 어미가 죽음을 참아 낸 부적이다. 십 년을 손으로
만져서 다 닳아 없어진 것이다. 무릇 사람의 혈기는 음양에
뿌리를 두고, 정욕은 혈기에 모이며, 그리운 생각은
고독한 데서 생겨나고, 슬픔은 그리운 생각에 기인하는
것이다. 과부란 고독한 처지에 놓여 슬픔이 지극한 사람이다.
혈기가 때로 왕성해지면 어찌 혹 과부라고 해서
감정이 없을 수 있겠느냐?'"
― 연암 박지원, 「열녀 함양 박씨전」烈女咸陽朴氏傳

"그것은 가정 안으로 들어간다. 부부를 단위로 하는 가족이
그것을 독차지한다. 이에 따라 성적 욕망은 생식 기능의
중대함 속에 남김없이 흡수되어 버린다. 성에 대해 사람들은
입을 다문다. 합법적이고 생식력이 있는 부부가 규범으로
자리 잡는다. …… 예의 바른 태도가 육체를 교묘하게 피하고,
고상한 말들이 담론을 표백하기 때문이다."
― 미셸 푸코, 『성의 역사』 1권

물음 1 내가 청소년기를 지나는 시기까지 성^性은 금기와 위반의 영역이었다. 그것은 몰래 즐기는 것이고, 그래서 심하면 죄에 빠지게 되고, 마침내 몸을 망치는 짓이었다. 그러나 그런 의식이 확고해질수록 그것은 더욱 매혹적인 것으로 다가왔다. 모두가 원하지만, 원하지 않는다고 내숭을 떨어야 하는 것, 사람들의 관계를 규정하는 데 결정적인 역할을 하는데도 아주 무관한 듯이 보여야 하는 것, 그것이 성이었다. 어디까지나 그것은 숙명적으로 언더그라운드에서, 포르노그래피로서만 존재해야 하는 '어둠의 자식'이었다. 물론 여학생들은 포르노는커녕 음란잡지에 접근하기도 쉽지 않았다. 어쩌다 성인만화에서 야한 장면을 보거나, 그 시대 최고의 주간지 『선데이 서울』에서 남녀가 뒤엉켜 있는 사진(대개는 시꺼먼 테이프가 둘러져 있거나 안개가 끼어 있는)을 보면 화들짝 놀라 덮었다가 다시 마음을 진정한 뒤, 찬찬히 재음미하는 게 고작이었다. 이런 걸 '성의 신비화'라고 해야 할지, '야만화'라고 해야 할지는 아직도 잘 모르겠다.

그러나 세월이 흘러 이제 성은 저 어두운 지하실을 빠져나와 광명천지를 활개치고 있다. 멀리 갈 것도 없이 지하철역 신문가판대만 보아도 그건 명백해 보인다. 스포츠신문들을 선두로 대부분의 주간지들에는 포르노가 어떤 정치적 이슈보다도 무겁게 다루어지고 있다. 다른 영역과 대등한 정도가 아니라, 더 우월한 위치에서 당당하게 자신의 존재를 과시하고 있는 것이다. 어디 그뿐인가. 건전한 도덕의 파수꾼인 텔레비전에서조차 포르노그래피 뺨 치는 섹시 컨셉의 각종 문화를 전파하기에 골몰한다. 대체 이 '섹시미'의 열풍은 어디를 향해 가는 것일까?

물음 2 그러면 우리는 진정 성의 억압에서 해방된 시대를 살고 있는 가? 천만에! 나의 청년기와 마찬가지로 성은 여전히 죄와 금기, 타락의 영토에 갇혀 있다. 여전히 성에 둘러쳐진 규범의 울타리는 견고하기 이를 데 없다. 성의 해방은 성이 얼만큼 표현되는가에 있는 것이 아니다. 그것이 어떻게 표현되는가, 다시 말해 삶의 역동성과 어떻게 관계맺는가에 달려 있다. 성이 아무리 흘러넘친다 해도 그것이 단지 쾌락으로, 그래서 음험한 어둠으로 영토화되는 한, 삶에는 어떤 능동적 힘도 투여하지 못한다. 이를테면, 삶은 조금도 달라지지 않은 채, 성을 은밀하게 즐길 수 있는 기회만 증식되는 악순환에 빠지게 되는 것이다.

다음, 우리 시대는 페미니즘의 전성기이다. 1990년대 이후 대중문화의 첨병에는 언제나 페미니즘이 있었다. 여성, 여성의 목소리, 여성적 글쓰기가 시대를 풍미했다. 여성들의 입장에서 보면, 정말 '고대하고 고대하던' 시대가 도래한 것이다. 그러나 여기서도 마찬가지 물음이 던져져야 한다. 페미니즘의 확산이 과연 성을 삶의 능동적 지표로 전환시켰는가? 이 물음은 페미니즘이 가부장제가 발딛고 있는 성규범의 근저를 얼마나 해체했는지에 대한 것이기도 하다. 예컨대 정조에 대한 집착, 가족주의적 지향, 이성애중심주의 등등. 만약 페미니즘이 가부장제를 떠받치고 있는 근대적 성윤리의 전제들을 여전히 공유한 채, 그저 남성에 대한 박탈감, 여권 신장의 차원에만 머문다면, 그것은 결국 자신이 저항하고자 했던 가부장제의 얼굴을 그대로 닮아 가는 운명을 피할 수 없을 것이다. 가부장제 페미니즘? 생각만 해도 끔찍하다. 이 끔찍한 궤도를 벗어나려면 페미니즘은 역설적으로 페미니즘 자체가 무의미해지는 경계를 추구해야 하지 않을까.

1. 『동방견문록』, 『고려사』 등을 보면

문제는 상상력이다. 성이 견고한 요새를 폭파하고 해방된 에너지로 개개인의 일상에 흘러넘치려면 무엇보다 성규범을 구성하는 기본전제들이 다르게 구성되어야 한다. 이미 그것을 견고하게 전제한 다음에야 아무리 거기서 상상력을 발휘한다 한들 결과는 뻔하디 뻔하다.

상상력의 촉발을 위해서 우리는 근대라는 시공간을 잠시 이탈할 필요가 있다. 『동방견문록』이 그 작은 시도가 될 수 있다. 거기에는 마르코 폴로라는 '이교도'의 눈에 비친 당시 원제국기, 동양의 여러 풍속들이 생생하게 그려져 있다. 그 가운데 흥미로운 것은 역시 유목민들의 성풍속이다. 그의 관찰에 따르면, 유목민들에게 있어 여성의 정조는 수치에 해당된다. 그래서 여성들은 남성과 관계를 맺을 때마다 목걸이를 하나씩 목에 건다. 당연히 목걸이의 수가 많을수록 여성의 주가는 올라간다. 이것은 야만일까? 자유일까? 또 하나. 티베트 고원지대에서는 손님이 오면 무조건 아내를 제공하고 남편은 손님이 떠날 때까지 집 밖을 떠돈다고 한다. 손님이 많이 와야 풍년이 든다는 속신 때문인데, 그래서 이 풍속을 국가에서 법으로 금하려 해도 절대로 근절되지 않는다고 한다.

너무 먼 나라 얘기라 와닿지가 않는다고 생각하는 이들은 『고려사』를 한번 보시기를. 무슨 역사책에 그토록 불륜과 간통 이야기가 많은지. 그것도 하층민들이 아니라 왕족들이 무시로 근친혼과 간통을 자행한다. 그리고 여성의 재가再嫁 역시 자연스럽게 이루어진다.

내친 김에 또 한 가지 곁들여 말하면, 어떤 시인한테서 들은 이야기인데, 어느 소수민족은 평생 결혼을 세 번 한다고 한다. 처음엔 아주 늙은 사람과, 두번째는 자신과 엇비슷한 연배와, 그 다음엔 다시 아주 어린 사람과. 인간의 생체리듬과 우주의 섭리라는 측면에서 이보다 더 좋은 결혼제도는 상상할 수 없다는 게 그들의 주장이란다. 그럼 우리가 지금 신의 명령처럼 떠받들고 있는 일부일처제는 뭔가? 그들의 입장에서 보면 우주적 생명의 원리를 거스르는 제도인 셈이다. 관심이 솟구치는 이들은 아날학파 학자들이 쓴 『가족의 역사』클로드 레비-스트로스 외, 정철웅 옮김, 이학사, 2001를 보시라. 거기에는 온갖 종류, 별별 유형의 가족제도가 난무(?)한다.

요점은 간단하다. 우리가 지금 성전처럼 떠받들고 있는 성의 규범 가운데 절대적인 것은 하나도 없다는 사실이다. 사실 우리가 믿고 있는 '봉상스'bon sens들은 대부분 근대와 함께 우리 신체에 각인된 것들일 뿐이다. 오죽하면 빌헬름 라이히Willhelm Reich는 그것을 '성격갑옷'이라 이름했을까. 강철 같은 규율로 신체를 옥죄는 갑옷! 이 '갑옷'의 기원을 탐색하는 것이 이 장의 목표다.

2. 근대계몽기와 '여성'의 발견

『계몽의 시대』에서 우리는 민족이라는 초월자의 출현에 대해 언급하였다. 그런데, 거기에서 민족의 범주에 해당하는 주요 구성원은 당연히 남성이다. 만민평등의 논리 또한 남성을 인간의 전범으로 전제한 바탕 위에서 구축된 것이다. 그렇기 때문에 여성이 민족의 일원이 되기 위해서는 특별한 관문을 통과해야만 한다. 여성은 그저 남성과 다른 범주의 인간집단이 아니다. 남성과 뒤섞여 있되 철저히 배제되는 남성 내부의 다른 존재인 것이다. 때문에 민족 범주 안으로 여성이 진입하기 위해서는 성규범 전체가 변환되어야 한다. 성규범이 근대 권력의 뇌관을 차지하게 되는 것도 이 때문이다.

두 가지 이상한(?) 전제

대부분의 사람들은 아마도 다음과 같은 전제들에 암묵적으로 동의할 것이다. ①근대 이전, 곧 조선조에는 성적 욕망, 특히 여성의 성욕은 철저히 억압되었다. ②근대 이후 여성은 비로소 해방되었고, 성규범 역시 자유를 구가하게 되었다.

요컨대 근대와 근대 이전을 날카롭게 대립시키면서 근대를 이상적인 것으로 간주하는 인식체계가 여기에서도 예외없이 그대로 적용된다. 때때로 고려나 삼국시대 등 고대사의 자유분방한 성풍속의 흔적들이 발견되면 판단을 정지하거나 그것은 원시적 미분화의 표징이라고 치부하는 것이 통례이다. 그럴 때, 우리의 머릿속에 떠오르는 역사 및 전통은 주자주의적 교화론이 관통한 조선시대로 고착되어 있다. 그리고 주자주의는 '존천리 거인욕'存天理 去人欲 ; 천리를 보존하고 인욕을 버린다, '남존여비' 등으로 간단히 도식화되고 그와 더불어 다른 가능성에 대해서는 일체 봉쇄된다. 그러고 나선 아주 추상적인 수준에서 근대의 '자유'를 그 반대편에 세워 놓고 의기양양해하는 것이다. 특히 연구자들의 경우는 이런 경향이 더욱 두드러져 조선후기 자료 가운데 조금이라도 성적 욕망 혹은 여성과 관련된 것이 나오면 주저없이 '근대적'이라는 관형어를 부여하면서 근대적 감성의 출현을 예고하느라 여념이 없다.

그러나 곰곰이 따져 보면, 성적 욕망이 억압되었다가 차츰 해방되어 간다는 식의 해석은 그 자체가 근대 이후의 산물이 아닐까. 민족관념과 마찬가지로, 근대는 뭐든 진화론적 시간 위에 줄 세우는 습관이 뿌리 깊은바, 성적 습속 역시 욕망의 시대별 배치를 보지 않고, 일단 시간적 방향성을 부여하려는 강박증이 작용하는 것이다.

여성에 대한 것도 마찬가지이다. 여성이 억압받았다는 사실이 중요한 게 아니라, 그 억압의 배치가 무엇인지, 그리고 중세가 해체되면서 다방면에서 저항이 일어났다면, 각각의 저항점들이 낡은 배치를 어떻게 변환시켰는지를 따져야 할 것이다. 그래야만 우리가 서 있는 배치와 저항점들을 찾을 수 있지 않을까? 그러기 위해서는 일단 이런 시선의 단일성을 벗어나는 것이 절실하게 요구된다.

조선후기 성담론의 몇 국면

님은 회양淮陽 금성金城 오리나무 되고 나는 삼사월 칡넝쿨이 되어

그 나무 그 칡이 납거미 나비 감듯 이리로 츤츤 저리로 츤츤 외오

풀어 옳게 감아 밑부터 끝까지 한 곳도 빈틈 없이 주야장상晝夜長常

에 뒤트러져 감겨 있어

동冬섣달 바람비 눈서리를 아무리 맞은들 풀릴 줄이 있으랴

이정보 지음, 『한국고전시가선』, 임형택·고미숙 엮음, 창비, 1997, 143쪽

간밤의 자고 간 그놈 아마도 못 잊어라

와야瓦冶 기와 만드는 사람놈의 아들인지 진흙에 뽐내듯이 사공놈의 정

령인지 사엇대상앗대로 찌르듯이 두더쥐 자식인지 곳곳이 뒤지듯이

평생에 처음이오 흉중에도 야릇해라

전후에 나도 무던히 겪었으되 참 맹세하지 간밤 그놈은 차마 못 잊

어 하노라

이정보 지음, 『한국고전시가선』, 153쪽

이 작품들은 18세기 대중문화를 주도한 사설시조 가운데 인기 레퍼토리에 해당한다. 어휘를 세밀하게 음미하지 않아도 상당히 에로틱한 분위기가 짙게 풍겨 나온다. 나무와 칡넝쿨이 서로 친친 감겨 있는 형상은 남녀가 뒤엉켜 있는 이미지를 관능적으로 묘파한다. 또 뒤의 작품 중장에 동원된 여러 대상들은 성행위의 구체적 동작을 그

대로 연상시킨다는 점에서 강렬하고도 빼어난 은유장치들이다. 아마 어떤 포르노그래피도 여성의 욕망을 이처럼 노골적으로 표현하기란 쉽지 않을 것이다.

사설시조는 기본적으로 중인층 가객들에 의해 수집·전승되었고, 그것이 불리는 공간 역시 기방이었다. 그러니까 기본적으로 중인층 이상의 계급이 향유했던 장르이다. 말하자면 이것은 지하에서, 파편적으로 떠돌아다니던 것이 아니라, 공적 담론의 장에서 공공연히 말해졌던 셈이다. 그 점에서 판소리 레퍼토리 가운데 하나인 「변강쇠가」 역시 주목을 요한다. 이 작품은 '야하다'고 하는 「춘향가」와도 급수를 달리하는 '하드코어 포르노'인데, 문제는 이 작품이 19세기 중엽 판소리의 대부 신재효가 정리한 '여섯 마당'에 버젓이(?) 올라 있다는 점이다. 판소리를 양반귀족층들의 구미에 맞추기 위해 민중적 역동성을 소거시켰다는 역사적 평가를 받는 신재효가 어떻게 이 작품을 그대로 수록할 생각을 했을까? 어쩌면 우리가 예상한 것과는 달리, 신재효나 당대인들에게 있어 포르노와 포르노 아닌 것 사이의 경계는 그다지 뚜렷하지 않았던 것이 아닐까? 그렇게 볼 때, 푸코가 말한 "17세기는 성적 관행에서 비밀이 추구되지 않았고, 말로 표현하는 것을 지나치게 망설이거나 상황을 유난스럽게 꾸며대는 일이 없었으며" "한마디로 육체들이 공작새처럼 날개를 활짝 펴고 있었다"미셸 푸코, 『성의 역사』 1, 이규현 옮김, 나남, 1990, 23쪽는 언술은 조선후기를 이해하는 데도 매우 유효한 바가 있다.

또 한 가지 주목할 점은 조선후기에 새로운 담론의 주창자들의 경우, 주자주의라는 거대체계를 균열시키기 위해 섹슈얼리티, 여성성의 가치 등을 적극 표방했다는 사실이다.

"…… 감히 묻겠다. 『시전』詩傳이란 어떤 책인가?"

"경전이다."

"누가 지었는가?"

"당시의 시인이 지었다."

"누가 이를 취하였는가?"

"공자이다."

"누가 주註를 달았는가?"

"집주集註는 주자가 하였고, 전주箋註는 한나라의 유자들이 하였다."

"그 큰 뜻은 무엇인가?"

"사무사思無邪이다."

"그 효용은 무엇인가?"

"백성들을 교화하여 선善을 이루도록 하는 것이다."

"「주남」周南이니 「소남」召南이니 하는 것은 무엇인가?"

"국풍國風이다."

"말한 바는 무엇인가?"

한참 있다가 말하기를, "대다수가 여자의 일이다."

"모두 몇 편이나 되는가?"

"「주남」은 11편이고, 「소남」이 14편이다."

"그중에서 여자의 일을 말하지 않은 것은 각각 몇 편씩인가?"

"'토저'兎罝, '감당'甘棠 등 모두 합하여 5편뿐이다."

"그러한가! 이상하도다! 천지만물이 다만 분 바르고 연지 찍고 치마 입고 비녀 꽂은 여자들의 일에 있음은 그 옛날 옛적부터 그러했던 것인가? 어찌하여 옛 시인이 예가 아니면 보지도 듣지도 말하지도 말라는 것을 꺼릴 줄 몰라서 그러했겠는가? 객舍이여! 그대가 그 설명을 듣겠는가? 여기에는 까닭이 있다.

대저 천지만물에 대한 관찰은 사람을 관찰하는 것보다 더 큰 것이 없고, 사람에 대한 관찰은 정情을 살펴보는 것보다 더 묘한 것이 없고, 정에 대한 관찰은 남녀의 정을 살펴보는 것보다 더 진실된 것이 없다."

이옥, '이난'二難, 「이언」俚諺, 『이옥전집』 2권, 실시학사 고전문학연구회 역주, 소명출판, 2001, 294~296쪽

천지만물 가운데 남녀간의 정을 살핌보다 진실한 것이 없다니? 가히 전복적인 언술이라 할 만하다. 국풍의 소재 대부분이 여자들의 일이라는 논거를 들어 『시경』이라는 전범, 그 내부를 뒤흔드는 방식도 그렇거니와, 그것을 빌미로(?) 섹슈얼리티를 천지만물의 이치를 파악하는 핵심이라 단언하는 어조는 진정 불온하기 짝이 없다. 이옥李鈺은 이론만이 아니라, 위의 텍스트 뒤에 이어지는 시 창작을 통해서도 실제로 '여성되기'를 시도한다. 이옥의 작품세계에 대해서는 채운, 『글쓰기와 반시대성, 이옥을 읽는다』, 북드라망, 2013을 참고 또 그가 쓴 단편소설 「심생전」은 남녀간의 운명적 만남과 사랑, 그리고 비극적 결말을 다룬 '애정소설'의 백미다. 그만큼 이옥의 감성은 국가장치에 포획되지 않는 에너

지를 분사하고 있었던 것이다. 반체제적인 어떤 언술이나 행위도 없었건만, 그가 정조가 일으킨 '문체반정'의 가장 큰 희생자가 되었다는 사실 역시 조선후기 담론의 배치에서 여성성, 섹슈얼리티가 수행한 역할을 단적으로 집약해 주는 셈이다.

그런데 근대계몽기에 들면 이런 식의 특이점은 봉쇄, 금지의 영역으로 들어가게 된다. 푸코의 말을 빌려 결론부터 말하자면, "성적 욕망은 생식 기능의 중대함 속에 남김없이 흡수되어" 버리고, "합법적이고 생식력이 있는 부부가 규범으로 자리잡"으며, "예의 바른 태도가 육체를 교묘하게 피하고, 고상한 말들이 담론을 표백"하게 되었다. 푸코, 『성의 역사』 1, 24쪽

물론 여기서 조선후기에는 성담론이 자유로웠다가 근대에 와서 억압적이 되었다는 식의 논법을 주장하고자 함이 아니다. 요점은 성에 관한 배치의 측면에서 조선후기와 근대는 전혀 달랐다는 것이고, 따라서 근대를 척도로 하여 다른 시공간을 평가하는 것은 실로 허망한 것임을 환기할 필요가 있다.

음양론과 창조론 사이

19세기 말 20세기 초 서구의 도래와 함께 여성은 재발견된다. 그것은 달리 말하면 이때 등장한 남녀평등론, 여성해방론은 조선후기의 성담론의 연장선상에 있는 것이 아니라, 그와는 전혀 무관하게 평지에서 돌출한 것이라는 의미이기도 하다.

조선후기의 경우, 여성의 욕망, 섹슈얼리티를 적극 내세워 거대 담론에 균열을 일으키고자 하는 방식으로 진행되었다면, 근대는 저 아득한 허공에서 '남녀평등, 여성해방'이라는 테제가 지표면에 느닷없이 던져지는 방식으로 진행된다. 여성은 해방되어야 한다. 왜? 서구 문명국가들이 모두 그러하니까. "지금 세계에 눈으로 보고 귀로 들어도 남녀의 권리가 평등한 나라는 다 개명하고 부강하거니와 남녀권이 평등이 못 되고 보면 나라가 미약하고 사람이 조잔한지라 오늘날 우리 대한 형세로 말하자면 제일 큰 악습이 있으니 이 악습으로 하여 전국 인민이 이천만에서 일천만은 죽은 모양이오"『매일신문』 1898년 8월 13일자 논설라는 식이다. 모든 계몽담론이 그러하듯이, 여기서도 논리 이전에 선험적 차원에서 서구가 표준으로 제시된다. 그것은 압도적인 자명함이어서 합리적 논증의 영역이 아니다. 물론 그 다음에 여러 방면에서 논증이 수행되기는 한다. 하지만 그것은 이미 명제의 자명함을 전제한 위에, 그것을 여러 방면에서 두텁게 받쳐 주기 위한 안전장치일 뿐이다. 그래서 설령 논리적으로 상호 충돌되는 일이 있다 해도 대전제의 진리성은 조금도 훼손당하지 않는다.

여성해방의 논리도 마찬가지다. 우선 창조론에 입각한 천부인권론이 핵심이지만, 여기에 오래되고도 익숙한 음양론이 결합한다. "하늘이 만물을 내시매 음양과 자웅이 있어 서로 조금도 어기어짐이 없어야 순환하는 이치에 떳떳한지라 사람은 남녀 두 길에 나누었으나 남녀 상합하여 생육하고 번성하나니 그 덕이 어찌 적으리오 남녀 둘 사이에 일호도 높고 낮음이 없고 크고 적음이 없거늘 만일 이 사이에 무슨 분별이 있고 보면 이는 이치에 대단히 어기어짐이라"『매일신문』 1898년 8월 13일자 논설는 식이 아마 당시로서는 가장 급진적이고도 체계화된 여성해방의 논리였다.

이와 관련된 흥미로운 예가 『대한그리스도인회보』에 실려 있다. 1897년 12월 31일 오후 3시 정동의 한 감리교 예배당에서 '남녀를 같은 학문으로 가르치고 동등으로 대접함이 가하다'는 제목의 토론회가 열렸다. 이 기사는 『독립신문』 1898년 1월 4일자 논설에 좀더 상세히 실려 있다.

찬성하는 쪽의 연사로 나선 김연근이라는 사람이 "하나님께서 당초에 남녀를 내시매 음양이 서로 배합이 되었으니 음이 없으면 양이 쓸데없고 양이 없으면 음이 쓸데없나니 남녀가 동등"하다고 주장하자, 조한규는 "성경에 가라사대 남자가 여인의 머리가 된다 하고 하나님께서 아담을 먼저 만드셨으며 아담을 도와주게 하사 한 뼈로 이와(夏季)를 내셨으며 또한 이와가 죄를 먼저 지었으니 동등이 되지 못하리라"고 반박한다. 남녀평등에 찬성하건 하지 않건 모두가 창조론과 음양론을 적극 표방하고 있다. 이런 식으로 이 두 거대담론은 때론 서로 결합하기도 하고, 때론 서로 각개약진하면서 여성해방의 문제를 사회적 쟁점으로 부각하는 기능을 수행한다.

그런데 유교적 음양론이든 기독교적 창조론이든 근본적인 위계화가 내부에 깊이 자리하고 있다. 음양론에서의 음은 양을 보완하는 것이고, 창조론 역시 아담이 중심이기 때문이다. 따라서 이 새로운 여성해방론은 역설적이게도 남녀불평등을 더 원초적으로 인정하지 않을 수 없는 딜레마에 처한다. 이 딜레마를 극복하기 위해서는 또 다른 척도가 필요하다. 1908년 창간된 여성잡지 『여자지남』女子指南을 보면, "하늘을 부여받은 자는 남자다 ……… 땅을 부여받은 자는 여자다 …… 하늘과 땅이 양기와 음기는 비록 달라도 그 인격은 동등하다. 하늘이 아무리 스스로 강해져도 땅이 생성하지 않으면 동물과 식물이 어디서 생겨날 것이며, 남자가 아무리 자유롭다 해도 여자가 아무 쓸모없다면 집안과 나라를 다스리는 일이 어떻게 온전해지겠는가? 그러므로 여자도 남자와 동등하게 교육을 받게 하고, 산업을 발전시키게 하는 것이 세계 최고국가가 되는 지름길이다"청해백, 「남녀의 동등론」, 『여자지남』 창간호, 1908라는 식으로 정리되고 있다. 요컨대, 남녀가 평등해야 하는 이유는 여성의 생식력, 그것이 지닌 국가적 중요성 때문이다. 결국 앞서 언급했듯이, 문명론의 전략이 이론의 부조리를 단숨에 무마해 주는 해결사 구실을 하고 있다.

이 대목에서 반드시 짚어야 할 사항은 근대계몽기의 여성평등론은 조선후기와 비교할 때, 전폭적으로 논점이 이동되었다는 점이다. 즉, 이렇게 창조론과 음양론의 어설픈 절충 속에서 여성해방론이 공적 언술의 장에서 활발하게 뛰어놀긴 했지만, 그것은 '정'情, 다시 말해 욕망의 주체로서의 여성이 아니라는 점이다. 오직 생식하는 성으로서의 여성, 인구를 생산하는 주체로서의 여성일 뿐. 물론 그렇다고 성이 완전한 침묵의 지배 아래 놓인 것은 아니다. 그보다는 오히려 새로운 담론체제에 편입되었다고 보아야 옳을 것이다. 예컨대, "이전에 못지 않게 말해진다. 그러나 다르게 말해진다." 푸코, 『성의 역사』 1, 45쪽

3. 여성이 국민이 되려면?

계몽담론은 모든 구성원을 국민으로 탄생시키는 것을 목표로 삼는다. 특히 중세체제하에서 타자화되었던, 여성·어린이·하천下賤·부랑자 등 주변부 집단을 재조직하기 위한 열렬한 노력을 수행한다. 그러나 계몽의 담론에는 민권이나 개인주의의 문제가 결락되어 있기 때문에 신분제 철폐나 계급적 해방의 문제는 특별한 이슈로 부각되지 않는다. 제국주의라는 타자 앞에서 민족 내부의 위계화는 그다지 심각한 것으로 받아들여지지 않았던 것이다. 그러나 남녀차별은 사정이 다르다. 여성은 일단 수적으로는 남성과 다르지 않은 규모를 갖춘 대규모(?)의 '소수자'집단이기 때문에 국민적 책무로부터 벗어나 방치되어서는 안 된다. 계몽의 담론이 유별나게 여성문제를 집중 부각한 연유가 바로 여기에 있다.

여성을 근대적 국민의 일원으로 재탄생시키기 위한 계몽의 프로젝트 가운데 가장 뚜렷한 계기를 이루는 것이 1907년 국채보상운동이다. 국채보상운동은 경제적 측면에선 거의 성과가 없었다고 해도 무방하지만, 여성들을 민족적 주체로 자각시키는 데는 결정적인 역할을 수행했다. 그것은 여성들이 다수 참여했다는 점에서뿐 아니라, 여성들의 목소리가 다채로운 층위에서 언표화되었다는 점에서 특히 그러하다. 예컨대 대표적인 텍스트인 『대한매일신보』 1907년 4월 23일자 「탈환회 취지서」脫環會趣旨書를 보면, "대법 이천만 중 여자가 일천만이요 일천만 중에 지환가락지 있는 이가 반은 넘을 터이오니" "국채를 갖고 보면 국권만 회복할 뿐 아니라 우리 여자의 힘이 세상에 전파하여 남녀동등권을 찾을 것"이라고 하여 국권과 남녀동등권이 곧바로 등치된다. 즉, '인구의 반이 여성이다. 그러니 국권을 회복하면 국권 가운데 반은 여성의 몫이 될 것이다'는 식으로. 앞의 남녀평등론 가운데 문명화론, 특히 국권론이 여성문제를 파악하는 핵심준거로 작용하게 된 셈이다. 이제 여성문제는 오직 이 방향에서만 논의되고, 사유되고, 결정될 터이다.

풍속 개량의 방향

일단 여성을 국권운동에 참여시키기 위해서는 봉건적 굴레에서 해방시키기 위한 제도적, 관습적 조처가 요구된다. 내외법, 억혼 및 조혼 금지법, 축첩제와 과부개가 금지법 이에 대한 자세한 내용은 전미경, 「개화기 가족윤리의식의 변화와 가족갈등에 관한 연구」, 동국대 가정학과 박사논문, 1999를 참조 등이 주타깃이다. 이런 법들은 여성을 남성의 그늘에 묶어 놓는 것일 뿐 아니라, 무엇보다 이 상태로는 국가적 책임의식을 불어넣는 것이 도무지 가능하지 않다. 이 가운데서 특히 계몽주의자들의 공격대상이 된 것은 조혼제도와 축첩제이다.

최초의 근대적 개혁인 갑오경장(1894) 후 발의된 의안에는 '남자 20세, 여자 16세 이상을 결혼하도록 한다'는 규정이 있다. 그러나 모든 습속들이 그러하듯이, 특히 결혼과 관련된 법률이 일상에 뿌리내리는 데는 법규칙만으로는 절대적으로 부족하다. 실제로 이 금령이 일상의 혼속 변화를 끌어내지 못하자 1907년 8월 15일 순종은 다시 '조혼금지와 혼인이 가능한 연령에 대한 범위'에 관한 조칙을 낸다. 요점은 "인생이 삼십에 아내를 두며 이십에 시집감은 옛적 삼대의 성한 법이거늘 근래에 일찍 혼인하는 폐가 국민의 병원이 막심한 고로 연전에 금령을 선포하였으며 지금까지 실시치 못하였으니 …… 유신하는 때를 당하여 풍속을 개량함이 가장 급히 힘쓸 바이다. …… 남자의 나이 만17세와 여자의 나이 만15세 이상으로 비로소 가취하되 각별히 준행하여 어김이 없게 하"라는 것이었다. 뒤이어 만약 이 조칙을 어기는 자는 왕에 대한 역신이며 국가·사회의 큰 죄인이라고 엄포를 놓을 정도로 강경한 어조로 되어 있다. 근대적 국가체제로의 전환을 위해서는 바로 이것이 풍속개량의 핵심이라고 보았던 셈이다. 그러나 이렇게 왕령이 강경했음에도 풍속은 쉽사리 바뀌지 않았다. 법의 감시를 피하기 위해 밤에 혼인을 치르는 경우가 적지 않을 정도였다니, 습속의 중력은 이토록 '힘이 센' 법이다.

조혼금지법은 남녀 모두에 걸친 제도이지만, 그래도 여성이 결혼에 묶이는 시간이 줄어든다는 점에서 여성의 자유와 긴밀하게 연관된 사항이다. 그런데 당시 국가장치든, 계몽주의자이든 조혼제도를 집중적으로 공격한 가장 큰 이유는 위생론적 관점 때문이다. 한마디로, 조혼을 하면 국가경쟁력이 뒤진다는 것이다. 『독립신문』 1899년 6월 20일자 기사 「재미 있는 문답」을 보면, 서양인종의 석대碩大, 몸집이 굵고 큼함의 원인이 남녀간에 혼인을 늦게 하여 21세 이후로 결혼하는 데에 있다고 보고 있다. 곧 "사람마다 혈기가 왕성하고 기질이 견확하고, 그 자손들 역시 자연히 장대하고 번성하여 해마다 인구가 증대된다"고 하면서 서양의 혼속을 조선이 본받아야 하는 이상적인 혼속으로 제시하며 "자녀의 얼굴에 점점 혈색이 없고 그중에 위생할 줄을 도무지 몰라서 거처가 비습卑濕; 바닥이 낮고 습기가 많음하여 몸에 잔병이 떠날 적이 없으니 그 속에서 나오는 자식이 어찌 잔약하지 아니하며 또한 능히 장수하리오. 대한 인구가 더 번성치 못하는 것도 역시 이 까닭이라"고 진단하고 있다.

한 가지 예를 더 들면, 『대한매일신보』 1907년 12월 11일자 논설 「한국에 여자교육의 필요(속)」에는 "제일 악하고 괴패한 풍속은 혼인을 일찍이 하는 것"이라고 맹렬하게 비난하고 있다. 즉, 조혼은 부모들이 "자기의 재미 보기 위하여 두골이 미성한 어린 아들의 머리털을 끌어 올려다가 정수리에 뒤틀어 동여 놓으니 머리가 무거워 견딜 수 없는 데다가 더욱 망건으로 단단히 묶어 결박을 하여 놓"는 비위생적 억압이라는 것이다.

이 시리즈 3권 『위생의 시대』에서 구체적으로 밝히겠지만, 근대의 성담론은 병리학과 굳게 결합되어 있다. 의학의 이름으로 성에 대한 공포를 유포함으로써 비정상적인 쾌락의 귀착지는 개인의 죽음, 인종의 죽음이라는 것을 암시하는 식의 성적 억압의 기제가 일반화되었던 것이다. 조혼금지의 문제 역시 그러한 병리학적 표상체계 위에서 제기되었다고 할 수 있다.

축첩제 문제도 마찬가지다. 계몽주의적 관점에서 볼 때, 첩을 두는 것은 무엇보다 경제적 손실, 신체적 결손으로 이어지기 때문에 금지해야 한다. 예컨대, "대저 독한 해는 한국 남자의 첩 두는 것보다 더 큰 것이 없으니 그 몸은 첩으로 인하여 망하고 그 집이 첩으로 인하여 패하나니 어찌하여 그러하뇨 하면 남의 첩 되는 여인은 매양 얼굴을 닦고 몸을 꾸미어 남자에게 아리땁게 뵈이기로 일을 삼은즉 그 사나이 된 자 이에 빠지고 혹하여 몸이 상하는지 재물을 소비하는지 생각지 못하고 다만 그 첩의 마음만 기쁘게 하고 그 몸만 편하게 하여 주기를 일삼는도다"『대한매일신보』 1907년 12월 6일자 논설 「한국 남자의 첩 두는 악습」는 식이다. 이렇게 되면, 자연히 모든 결혼제도는 공식적인 부부의 영역으로 수렴될 수밖에 없다. 말하자면, "부부의 성적 행동을 합의된 경제적, 정치적 행동으로 만들려고 시도하는 조직적인 활동들이 등장"푸코, 『성의 역사』1, 45쪽하기 시작한 것이다.

그래서 여성억압의 대표적 제도인 과부개가금지법은 법적으로는 철폐되었지만, '수절'은 여전히 아름답고도 더더욱 고매한 윤리강령으로 자리잡게 되었다. 오히려 정식결혼의 중요성, 본처에 대한 의미가 더한층 강화됨으로써 정식 육례를 갖추지 않은 관계에 대해서는 엄격히 배제하게 된다.전미경, 「개화기 가족윤리의식의 변화와 가족갈등에 관한 연구」 예컨대, "만일 남자나 여자의 음란한 행실로 사사로이 합하여 부부라 칭할지라도 육례를 갖추지 아니하였거든 그 사이에서 나는 자식은 남녀를 물론하고 사생자라 칭하여 사회에서 천하게 대접하여 인류의 명분을 바르게 함이 가하니 우리나라의 이왕부터 있던 혼인법과 오늘날 세계 각국의 행하는 혼인법을 참작하여 한 법규를 제정하여 중외에 반포하여 20세기 천하의 아름다운 풍속을 이루기를 간절히 바라노라"『제국신문』1907년 10월 10일자 등등. 말하자면, 오직 공적으로 인정된, 제도가 보장해 주는, 투명하기 이를 데 없는 관계만이 인정받게 된 것이다. 이렇게 해서 성은 해방되기보다 더한층 철통 같은 울타리 안으로 들어가게 된 셈이다.

여성들이여, 지식과 애국심으로 무장하라!

그러면 그러한 봉건적 족쇄에서 벗어난 여성들이 갈 길은? 민족의 당당한 일원인 남성들을 받쳐 주거나 남성과 같은 수준에 오르거나 해야 한다. 방법은? 교육과 지식으로 무장하면 된다. 너무 간단하다고? 교육과 지식은 계몽의 담론이 내세운 모토이자 문명의 길, 구국의 길이다. 따라서 계몽의 논리에 따르면, 문명의 지식을 갖춘다는 것은 그 자체로 이미 애국자가 된다는 것을 의미한다. 여성들은 오직 이 길을 수락할 때만이 공민권을 획득할 수 있다.

> 설헌 : 천지간 만물 중에 동물 되기 희한하고 천만 가지 동물 중에 사람 되기 극난하다. 그같이 희한하고 그같이 극난한, 동물 중 사람이 되어 압제를 받아 자유를 잃게 되면 하늘이 주신 사람의 직분을 지키지 못함이어늘, 하물며 사람 사이에 여자 되어 남자의 압제를 받아 자유를 빼앗기면, 어찌 희한코 극난한 동물 중 사람의 권리를 스스로 버림이 아니라 하리오?
> ……

설헌 : 우리 대한의 정계가 부패함도 학문 없는 연고요, 민족의 부패함도 학문 없는 연고요, 우리 여자도 학문 없는 연고로 기천 년 금수 대우를 받았으니, 우리나라에도 제일 급한 것이 학문이요, 우리 여자사회도 제일 급한 것이 학문인즉, 학문 말씀을 먼저 하겠소. 우리 이천만 민족 중에 일천만 남자들은 응당 고명한 학교를 졸업하여, 정치·법률·군제·농상공 등 만 가지 사업이 족하겠지마는 우리 일천만 여자들은 학문이 무엇인지 도무지 모르고 유의유식으로 남자만 의뢰하여 먹고 입으려 하니, 국세가 어찌 빈약지 아니하겠소? 옛말에 '백지장도 맞들어야 가볍다' 하였으니 우리 일천만 여자도 일천만 남자의 사업을 백지장과 같이 거들었으면, 백 년에 할 일을 오십 년에 할 것이요 십 년에 할 일을 다섯 해면 할 것이니 그 이익이 어떠하뇨? 나라의 독립도 거기 있고 인민의 자유도 거기 있소. 세계 문명국 사람들은 남녀의 학문과 기예가 차등이 없고, 여자가 남자보다 해산하는 재주 한 가지가 더하다 하며, 혹 전쟁이 있어 남자가 다 죽어도 겨우 반구이라 하니……

이해조, 『자유종』, 최원식 교주, 창비, 1996, 9쪽

이 글은 정계의 부패도, 민족의 부패도, 여자의 금수 취급도 모든 원인은 학문이 없었기 때문이라고 하는 데서 출발하고 있다. 이런 논리는 뒤집어 보면, 학문만 있으면 모든 민족적, 정치적, 여성적 문제를 일거에 다 해결할 수 있다는 뜻이 되기도 한다. 그 연장선에서 여성도 학문만 익히면 자신의 해방은 말할 것도 없고, 얼마든지 나라의

독립, 인민의 자유를 쟁취하는 데 크게 기여할 수 있다. 물론 여기서 말하는 학문이란 철저히 근대적 지식체계를 의미한다. 그만큼 근대 지식은 모든 것을 제어할 수 있는 눈부신 광휘를 뿜어냈던 것이다. 교육과 지식이라는 계몽의 모토는 근대 지식에 대한 이런 배치하에서만 이해가능하다.*

따라서 여성해방론 역시 이런 궤도에서 벗어날 가능성은 애시당초 봉쇄되어 있다. 게다가 계몽의 담론은 집단 내부의 차별성에 거의 주의를 기울이지 않는 것이 특징이다. 즉, '교육과 지식을 통해 애국심으로 무장하라!'는 이 선언적 판단은 기생이나 매음녀 등 주변적인 집단에도 그대로 요구된다.

주란화각 영롱하고 풍악소리 진동하는 연회장에 기생들이 노류장화 제 성질로 남의 자제 가르치나 저도 국민 일분자라 애국심은 일반인즉 창가 사기 인증하여 혼미한 맘 깨여 볼까

촉석루에 올라보니 진양강수 푸르렀다 섬섬옥수 두 손으로 왜장 안고 떨어지던 일편 의기 돌올하여 삼장사와 일반일세 절개 있는 저 논개의 죽은 정령 그저 있다 너희들도 본을 받고

광한루에 올라보니 오작교가 분명하다 백년가약 한번 맺고 불경이

---

* 지나가는 김에 거론하자면, 이런 맥락에서 볼 때 근대계몽기의 교육담론과 1919년 이후 여러 이념의 상층 속에서 등장한 교육준비론은 위상이 전혀 다를 수밖에 없다. 후자의 경우, 거기에서 교육은 하나의 수단이지만, 전자의 경우 교육은 그 자체로 '모든' 것이 된다. 여기서도 역시 하나의 개념이나 노선이 어떤 배치하에 놓이느냐에 따라 전혀 다른 의미를 지닌다는 점을 새삼 환기할 필요가 있다.

부 하던 정절 소설가와 여자계에 모두 칭송하는 바라 항기로운 저
춘향의 죽은 정령 그저 있다 너희들도 본을 받고

대동관에 올라보니 쾌재정이 높았구나 연환계를 꾸며내어 왜적 잡
던 저 충렬은 이제독의 지략인들 어찌 능히 당할손가 달과 같은 저
월향의 죽은 정령 그저 있다 너희들도 본을 받고

춘수담담 유수거요 객여쌍쌍 연자래는 부용글귀 제일이요 청산리
에 벽계수야 일도창해 난재류는 황진사조 진품이니 이도 아니 묘할손
가 그 정령이 그저 있다 너희들도 본을 받고

충렬사조 특이함이 창기 중에 제일이라 너희들도 방탕구습 어서
바삐 다 버리고 저런 행적 본을 받아 나라일에 성공하고 동포에게 생
색하면 상등여자 될뿐더러 명전천추 비난사이라

『대한매일신보』 1909년 8월 3일자 시사평론

좀 의아하게 보이지만, 계몽의 담론에는 이런 유의 기생과 관련
된 언표들이 적지 않다. 생각건대, 당시엔 이른바 '사회활동'을 하는
대부분의 여성들이 기생이었기 때문일 터이다. 실제로 이 시기에는
기생들이 고아원 부조나 수재민 돕기 등 사회활동에 적극 참여하기
도 한다. 하지만 그렇다 하더라도 기생은 어디까지나 정상적인 가족
제도 외부에 있는 존재들이다. 특히 삼패기생三牌妓生 ; 조선 말에 일패, 이패,
삼패 등으로 기생의 등급이 나뉘어 일제강점기까지 그 등급이 계속되었는데, 일패기생은 예술인들
에 가까웠고, 삼패기생은 하류층의 기생이었다들의 경우, 매춘까지 겸했기 때문에
그들의 존재방식은 분명 보통여성들과는 차이가 있다. 그럼에도 계

몽의 담론에는 이 차이들에 대한 고려가 일체 배제되어 있다. 위의 글에서도 보듯, 기생들 역시 '국민 중의 일분자'이다. 물론 거기에는 조건이 있다. 논개나 춘향이나 월향 등 애국심과 정렬심으로 무장된 인물들과 일체화될 때만이 그러하다. 오락과 기예, 나아가 성을 파는 여성들도 애국열사가 되어야 한다니!

솔직히 말해 이렇게 되면, 결과적으로 여성은 해방의 혜택은 별로 없고 국난극복의 의무는 몽땅 뒤집어써야 하는 '한심한'(!) 지경에 처한 셈이다. 그런데 문제는 이런 식의 여성해방론이 여성들 내부에서도 강력한 힘을 발휘하게 되었다는 점이다.

협실의 솟은 대는 충정공의 혈적이라
우로를 불식하고 방중의 푸른 뜻은
지금의 위국충심을 진각세계

대구여사, 「혈죽가」 1수, 『대한매일신보』 1906년 7월 21일자

십 년 검무, 호응, 배운 뜻은, 홍
촉석루 놀음을, 기다림이라, 아
어리화, 좋다, 호응, 닥치는 대로, 홍.

기생 죽엽, 「논개학」, 『대한매일신보』 1909년 3월 19일자

「혈죽가」는 이른바 '계몽시조*'의 첫출발로서 민영환의 충정심을 예찬하는 10편에 이르는 시리즈물이다. 결과적으로 보면, 대구여

사라는 익명의 여성이 이후 몇백 수에 이르는 계몽시조의 연쇄적 창작을 추동한 셈이다. 그리고 두번째 작품이 보여 주듯, 계몽시조의 창작에는 기생들이 종종 참여하여 계몽을 선전하기도 한다. 계몽의 열풍이 기생들에게까지도 파고들어 간 것이다.

이렇게 여성해방의 방향이 일의적으로 규정되자, 여성 자체의 목소리는 완전 봉쇄되고 만다. 당시 여성의 현실은 어떠했던가? 전근대적 습속에다 전쟁, 식민지, 부정부패의 정치현실에 폭력적으로 노출되어 말 그대로 다층적 모순에 처할 수밖에 없었다. 그럼에도 계몽적 해결책은 여학교에 입참하여 신학문을 배워 애국하는 것뿐이었고, 아울러 여성들 스스로가 그것을 내면화하는 말들이 번성하고 있는 것이다.

그러면 대체 왜 그토록 여성교육에 총력을 기울였던 것인가?

오직 어머니! ― '탈성화'

앞서 『대한그리스도인회보』에 실린 여성교육을 둘러싼 토론회를 상기해 보자. 서재필은 그때 개화파의 기수답게 여성교육을 적극 주창한 바 있다. 다음은 그의 논거이다.

* '계몽시조'란 『대한매일신보』와 『대한민보』에 실린 일련의 시조들을 말한다. 내용은 주로 문명개화나 독립자주 등과 같은 계몽적 내용으로 되어 있고, 형식은 시조창처럼 종장 마지막구를 생략하는 방식으로 되어 있다. 자세한 것은 강명관·고미숙 편, 『근대계몽기 시가 자료집』 전3권, 성균관대 출판부, 2000을 참조할 것.

"대개 여편네의 직무는 세상에 나서 사나이를 가르치는 것이라 여편네가 학문이 있으면 자식을 처음에 뱃속에 포태하였을 때부터 아홉 달을 잘 보호하여 해산한 후로 차차 기르면서 더웁고 춥고 주리고 배부르고 가렵고 아픈 것을 때때로 잘 살피며 조리있게 길러내어 밤낮 없이 인도하는 말이 남과 싸우지 말라 학교에 가서 공부를 독실히 하라 효제충신孝悌忠信으로 행세를 잘하여 세계를 명예를 크게 나타내라 하며 남의 고모나 누이가 그 조카와 그 아우를 대하여 가르치며 애호하는 범절은 너나 없이 다 아는 바이오."

『독립신문』 1898년 1월 4일 논설 「서재필의 연설」

이번엔 여성의 이야기를 들어 보자. 『대한매일신보』 1909년 2월 21일자 기서寄書 「여자의 교육은 즉 사범」이라는 글은 정나헬이라는 16세 여성이 쓴 글이다.

어려서부터 무식하고 미련한 어미에게서 함부로 자라난 것이 뇌수에 굳어서 생마와 같은 아해들만 졸지에 학교니 신학문이니 하고 몰아넣으니 몇 날 동안에는 외양으로 흥미가 나는 듯하다가 뇌수에 군은 버릇이 졸연히 풀리지 못하였으매 …… 가정에서 한 가지도 배운 것이 없는 아해들은 고상한 도덕으로 배양하며 제반 보통 지식으로 교수하면 어찌 어렵지 않으리오 그러므로 집집에서 가정교육을 힘쓰되 그 교사는 부인이 할지라 그런 고로 각처에 여학교를 설립함이 가장 긴요하다 하노라 이같이 한즉 여자교육은 곧 사범교육이 될 줄로 나는 믿노라 남의 어미 되고 가정의 선생 될 우리 여학 도들이여 이 뜻을 깊이 생각하여 도저히 힘을 쓰고 입학지 아니 한 자매들은 하루 바삐 입학하여 가정의 선생 될 자격을 양성하 기를 천만 바라노라

여성의 교육이 국가적 차원에서 중요한 이유는 이처럼 여성이 인구재생산의 직접적 주체라는 점 때문이다. 즉, 여성은 그 여성들이 낳고 기를 미래의 국민구성원들의 '어머니'라는 지위로서 호명된 것 이다. 어머니는 잉태하는 순간부터 유년기의 상당 기간 동안 아이들 의 직접적 교육담당자다. 어린이교육(당시에는 '동몽교육'이라 칭해졌 는데)이 강조되면 될수록 여성의 임무는 막중해지고, 그러면 그럴수 록 여성교육의 위상 또한 한껏 높아질 수밖에 없다.

다음은 그런 식의 모성교육론을 압축적으로 집약하고 있다.

자고 이래로 왕후장상과 영웅호걸이 다 여자의 뱃속으로 나오며 여자의 손 아래서 길러 내었으니 만일 남자를 교육할 경영이 있으 면 반드시 먼저 여자를 교육하여야 차제가 분명하고 남자의 교육 도 성취가 될지라 비유컨대 나무를 심으려면 먼저 뿌리를 배양하 여야 지엽枝葉이 무성하고 뿌리가 단단치 못하면 지엽이 마를지라 이와 같이 여자는 남자를 낳고 기르는 근본이니 어찌 근본을 놓고 문명기초를 도모하리오 동양이 미약하고 진흥하지 못함은 실로 여 자의 교육이 없음이라 여인이 무식하고 그 소생된 남자가 명철하

기를 어찌 바라리오 동양보전하려는 군자들은 여자교육을 깊이 주의할지니라.

『제국신문』 1901년 4월 5일자 「매화노고梅花老姑와 송백거사松柏居士」

이제 모성은 문명의 기초, 민족주의의 근간이 된다. 때문에 여성의 평등, 여성의 교육이 강조될수록 모성성은 더한층 신성한 가치로 부상되기에 이른다. 한편, 어머니라는 지위는 시각을 조금만 달리하면 곧바로 남성의 전방위 보조자로서 모든 가족관계를 다 책임지는 위치에 놓인다. 즉, 어머니는 그 즉시 "남편의 교사요 고문관"으로서 형제자매, 시부모를 두루 봉양하는 임무를 부여받는다. 한마디로 가족의 파수꾼인 셈이다.

아내가 그 남편을 대하여 마음쓰는 것을 말할진대 그 남편의 일생 신세를 맡아 정렬한 마음으로 목숨을 잊어버리고 섬기며 가산을 실심으로 돌아보아 훌후한 탄식이 없게 하고 남편이 혹 밖에 나가 술을 과히 먹고 남에게 실수할까 잡기를 하여 패가망신할까 혹 혈기지용으로 무리하게 남과 싸워 명예가 손상될까 작금만지하며 임군을 충성으로 섬기라 부모를 효성으로 섬기라 형제를 우애로 대접하라 일가간에 화목있게 하라 친구간에 신의있게 하라 세계 인생을 동포형제로 여기라 하는 모든 권면하는 말이 다 남편의 교사요 고문관이라 세상에 사나이가 없지 못할 것이로되 또한 여편네가 없었으면 군신·부자·형제·자질子姪·친척·친구가 어디서 생겼

으리오 여편네는 어려서 자기의 친정부모를 섬기고 형제자매를 극진히 보호하다가 혼인한 뒤에는 시부모를 효성으로 섬기고 남편을 열행으로 도우며 자식을 성심으로 길러 가르치고 남편을 위하여 목숨과 몸을 아끼지 아니하니 그 뜻과 의리가 얼마나 높고 맑으뇨 …… 총명이 한갓 남자에게만 있는 것이 아니라 여자도 또한 총명한 재질인즉 학문과 동등권을 가져 남자를 더욱 이롭게 도울지라

『독립신문』 1898년 1월 4일자 논설

친정부모를 섬기고 형제자매를 극진히 보호하다가 혼인하면 시부모를 극진히 섬기고 남편을 몸과 마음을 다해 권면하며 경우에 따라서는 목숨까지도 아끼지 아니하고 자식을 성심으로 길러 가르치고…… 여기에 언급된 임무를 완수하려면 '원더우먼'이라도 불가능할 것이다. 그러면 왜 이렇게 어려운 일들을 수행해야 하는가? 가족에 헌신하는 것이 곧바로 국가를 위한 것이기 때문이다. 결국 이 모성민족주의는 여성교육을 통해 인구의 재생산 및 국가의 기본단위인 가족의 기능을 최대한 끌어올리는 것을 목표로 하고 있다. 그렇기 때문에 이런 식의 담론체계에선 여성의 사회적 지위가 높아지면 질수록 여성은 '탈성화'desexualization되어야 하는 운명에 처하게 된다. 오직 생식을 위한 성, 가족을 위한 성, 국가를 위한 성만이 있을 뿐이다. '욕망의 거세'를 통한 국민으로의 편입이라는 근대권력의 포획장치가 이런 방식일 터이다.

그런데 여기서 반드시 짚고 넘어가야 할 사항이 하나 있다. 그렇

다면 이 시기에 부상했던 자유연애론은 어떻게 이해해야 하는가? 여성의 탈성화와 자유연애는 언뜻 상충하는 듯이 여겨지기 때문이다. 그러나 사실 문제가 그리 복잡하지는 않다. 20세기 들어 봉건적 가족제도에 기초한 여러 악습들이 철폐되면서 부부중심의 가족관계로 재편되긴 하지만, 그럼에도 부부간의 사사로운 열정은 철저히 봉쇄되었기 때문이다. 근대계몽기에 있어 열정은 언제나 공적 파토스를 의미한다. 그래서 자유연애나 자유결혼이 주창된다 하더라도 그것은 철저히 이성적 통제하에서만 이루어져야 한다.

남의 나라에서는 사나이와 여편네가 나이가 지각이 날 만한 후에 …… 만일 사나이가 여편네를 보아 사랑할 생각이 있을 것 같으면 그 부인 집으로 가서 자주 찾아보고 서로 친구같이 이삼 년 지내 보아 만일 서로 참 사랑하는 마음이 생길 것 같으면 그때는 사나이가 자기 부인 되기를 청하고, 만일 그 부인이 그 사나이가 마음에 맞지 않을 것 같으면 아내 될 수가 없노라고 대답하는 법이요, 만일 마음에 합의할 것 같으면 허락한 후에 몇 달이고 몇 해 동안을 또 서로 지내 보아 영영 서로 단단히 사랑하는 마음이 있으면 그때는 혼인 택일하여 교당에 가서 하나님께 서로 맹세하되 서로 사랑하고 서로 공경하고 서로 돕겠노라고 하며, 관허를 맡아 혼인하는 일자와 남녀의 성명과 부모들의 성명과 거주와 나이를 다 정부 문적에 기록하여 두고 만일 사나이든지 여편네가 이 약속한 대로 행신을 아니하면 그때는 관가에 소지하고 부부의 의를 끊는 법이니라

이른바 '자유결혼'의 진행과정을 보여 주는 이 자료*는 결혼이 열
정이 아니라 치밀한 관찰과 합리적 타산에 기초하는, 근대적 계약의
산물임을 압축적으로 제시해 준다. 그러니 이런 시스템하에서 예기
치 않은 만남, 격정적 이끌림, 그리고 파국 등으로 이어지는 낭만적
사랑이란 상상조차 하기 어렵다. 오히려 이런 식의 '자유연애, 자유결
혼'은 여성의 탈성화를 더한층 강요하는 결과를 낳게 된다.

방탕은 민족의 적?

이렇게 여성성이 모성성으로 영토화되고 부부간의 열정조차 허용되
지 않는 확고부동한 성적 규범화가 이루어지자, 성적 욕망은 쾌락의
수준을 넘어 악의 표상이 된다. "색이라고 하는 것은 명命을 해치는
함정"이고, "가정사를 불고하고 재산을 허다하게 낭비할뿐더러 기혈
까지 감손하여 명이 짧아지는 자가 허다"하다고『대한매일신보』 1909년 9월
18일자 하는 통념이 널리 유포된다. 이완용, 이준용 등 매국노들의 성
적 스캔들, 그리고 일본의 야만적 성풍속 등에 대한 비난이 쉬지 않
고 이어진 것도 어떤 정치적 부정 못지않게 성적 타락이야말로 야만
이요, 용서받을 수 없는 죄라는 '공통관념'에 근거해서이다. 당시의

---

* 이 논설은 이 책 2장 3절에서 '부자유한' 자유연애와 자유결혼의 과정을 반증하는 자료로 다
시 상세히 다룰 예정이다.

기준으로는 매국적 행위와 성적 방탕은 같은 수준에서 단죄받아야 했던 것이다.

푸코에 따르면 근대에 들어 '성애의 기술'이라는 전통적인 비법 ─ 쾌락의 강도, 특별한 질, 지속, 육체와 영혼 속에서의 반향에 따라 쾌락이 쾌락으로 체험되는 ─ 은 돌연 실종되고, 성은 도덕적 진실의 쟁점으로 부각된다. 즉, 이제 성적인 것은 병리적인 것으로, 비정상성을 만드는 원천으로 간주된다. 푸코의 분석은 정신분석학과 근대권력의 결합을 염두에 둔 것이지만, 한국의 경우 그것은 훨씬 압축적인 패턴으로 진행된다.

지금 한국에 여자교육이 새로 발흥하여 일반 여자계에 광색이 일어나니 이것이 과연 얼마나 감사하고 탄복할 일인가 그러나 문명한 신공기가 몰려들어 오는 때에 폐간의 바람이 따라오니 이는 무엇인가 여자교육계에 사치하는 악습이로다
슬프다 여자를 교육하는 목적이 무엇에 있는가 가로되 첫째는 덕으로 새교육을 받아서 건강완전한 인물이 되는 데 있고 둘째는 여자를 인의와 방정함으로 가르쳐서 가정에서 자손 가르치는 데 힘쓰게 하는 데 있고 셋째는 부부간에 화락을 주장하여 가문에 복록이 되게 하는 데 있나니라 그런즉 사치하는 풍습이 건강완전한 인물이 되게 하는 방법이 아닌가 가로되 아니라 부패한 인물이 되게 하는 법이니라 사치하는 풍습이 가정 교육을 힘쓰게 하는 방법이 아닌가 가로되 아니라 가정교육을 멸망케 하는 법이니라 …… 저

여자교육계를 좀 볼지어다 소위 저 학도라 하는 자 흔히 능라주산으로 그 몸을 치감아서 머리와 의상은 맵시가 과하고 양혜와 양우산은 화려가 심하며 각색 맨드리는 기생의 태도와 흡사한 자 있으니 …… 다만 정결함을 숭상함이 가하되 사치는 숭상함이 불가하며 단정하고 선명한 것을 지키는 것은 가하되 사치는 지키는 것이 불가하며 분명함은 취함이 가하되 사치는 취함이 불가하다 함이니 …… 검소하고 진실함을 힘쓰는 것이 가하며 없는 것은 할 수 없거니와 있는 대로 본국 소산을 쓰고 본국 정신을 보존함이 가하다 함이니 우리 이 말씀은 실로 오활한 말이 아니니라 …… 또 이런 악습을 보고 어떤 사람은 말하기를 여자를 교육함이 옳지 못하다 하는 자도 있으니 이는 우미한 자의 말이라 여자교육을 급급히 개량함은 가하되 여자교육을 불가하다 함은 크게 그렇지 아니하니라 일반 유지동포들은 일변으로 여자교육을 크게 확장하여 문명의기를 환영하며 일변으로 사치의 악습을 타파하며 건강완전한 여자사회를 조성할지어다.

『대한매일신보』 1909년 11월 17일자 논설 「여자교육에 대한 의론」

우리 대한 전국 안에 여자계를 살펴본즉 몇천 년을 갇혔다가 개명풍기 들어온 후 여자들도 남자같이 사회학교 종사하며 총명자질 확충하여 개명됨이 가하거늘 구습 그저 못 버리고 패악한 자 불소하니 한번 비평하여 볼까

서문 밖을 돌아드니 어떤 매음 여인네는 제가 가장 개명한 체 반양

복에 안경 쓰고 연회장만 왕래한다 저녁 먹고 썩 나서면 없는 모양
애써 내며 궁둥춤과 활개친들 누가 저를 눈 떠 보나 좌우고첨 하는
모양 그 행습도 가통하고

북촌으로 돌아드니 어떤 완고 여인네는 가장에겐 노예같이 끄들리
고 뺨 맞으며 자녀들을 대해서는 엄절교훈 한답시고 배랑방이 각
쩡이니 경을 칠 놈 주리 틀 놈 물 퍼붓듯 욕설하여 가정규범 문란하
니 그 구습도 가통하고

서촌으로 돌아드니 어떤 완패 여인네는 친정에서 얻은 천 냥 태산
이나 떠온 듯이 그 남편을 하인처럼 들어오라 나가거라 천대박대
자심한 중 상등대접 욕설이요 수틀리면 상투잡이 갖은 포학 무수
하니 그 거동이 가통하고

남문 밖을 돌아드니 어떤 간교 여인네는 본국정신 반점없이 복색
부터 개량하고 외국인을 상대하면 언제 보던 님이라고 흔연하게
손 잡으며 제 동포를 대할 때는 내외지별 분명하여 낯가리고 돌아
서니 그 심사가 가통하고

동문 안을 돌아드니 어떤 곰보 여인네는 천정배필 제 남편을 나이
많다 무식하다 이리저리 칭탁하고 구지박지 축출하여 원산·해주
교중으로 걸객같이 다니는 양 차마 볼 수 없건마는 종시 회개 아니
하니 그 행위도 가통하고

낙산으로 돌아드니 어떤 완악 여인네는 외국인에 출가하여 유자생
녀 잘 살다가 또 무엇이 부족턴지 꼬리 치고 횡행할 제 하우아유 사
요나라 서슴지 않고 내던지며 한인이나 외인이나 함부로다 집어세

니 그 행색도 가통하다

『대한매일신보』1909년 8월 17일자 시사평론

이 두 텍스트는 근대에 들어 여성들의 변화된 삶과 그 변화를 바라보는 심리적 동요를 동시에 잘 보여 준다. 이 언표주체들이 말하고자 하는 바는 지극히 단순명료하다. '정도'에서 벗어나지 말라는 것이다. 사치하지 말 것, 자식들에게 욕지거리하지 말 것, 남편 박대하지 말 것, 외국인에게 아양떨지 말 것 등등. 단순히 풍속묘사로 보기에는 다소 경박하고, 여성들에 대한 비판적 애정이라고 보기에는 지나치게 '쫀쫀한' 이 언표들을 어떻게 이해해야 할지. 중요한 것은 이런 언표의 배면에 깔려 있는, '어떤 종류의 것이든 욕망의 일탈은 가족은 물론 사회, 국가 전체를 불안하게 만들 것'이라는 의식 그 자체이다.

그런데 현실은 어떠한가? 이 시기에 이르러 성과 자본의 공공연한 결합하에 처음으로 공창제도가 자리잡기 시작한다. 1904년 경무사 신태휴는 삼패기생 및 밀매음녀를 서울 시동에 모아 '상화실'이라는 매매춘 지역을 조성하였고, 이후 이것은 인천 화개동 등지로 확산되어 갔다. 그리하여 1909년에는 서울에서만 2천 5백에 달하는 매음녀가 영업을 하기에 이른다. 물론 이 공창은 철저히 경찰의 관리 속에서 이루어진다. 매주 토요일마다 "매독이 있고 없는 것을 검사하"는 제도가 실시된 것이다. 자세한 것은 권보드래, 『한국 근대소설의 기원』, 소명출판, 2000 '부록자료'를 참조 '통치'의 영역이 되어 버린 성. 그러나 이것은 '어둠과 비밀 속을 제외하고는 존재하지 말라'는 명령 속에서만 존재하게 되었다. 계몽가사*에 자주 등장하는 매음녀, 삼패기생, 유녀들은 이제 정상적 여성들을 위협하는 '타자'로 규정된다.

경찰관의 말 들은즉 한성 안에 매음녀로 지금 검사받는 외의 은군자은근짜로 칭호하고 비밀매음 하는 자가 오륙천 명 넘은지라 미구검사 한다 하니 놀랍고도 가련하다 붓을 잡고 기록하여 두어 마디 경고하세

매음녀야 매음녀야 너도 역시 사람이라 너의 부모 너를 낳아 금옥같이 기를 적에 정렬부인貞烈夫人 되렸건만 너의 부모 허물인가 네 행세가 글렀는가 정렬부인 못 될망정 매음녀가 웬일인고 가련하다 네 신세여

매음녀야 매음녀야 돈견豚犬 같은 짐승들도 새끼칠 때 아니면은 그 행동이 태연한데 너는 당당 사람으로 화조월석 쉴 새 없이 앞문으로 이가 영접 뒷문으로 김가 전별 분주불가 하는 모양 가련하다 네 신세여

매음녀야 매음녀야 상제께서 사람낼 제 남녀분등 없었도다 이런 시대 당하여서 라란 야안 본을 받고 논개 계월 못 될망정 옹동바람

---

* '계몽가사'란 『대한매일신보』 시사평론란에 실린 일련의 운문들을 지칭하는 용어이다. 1907년 말부터 본격적으로 창작되어 1910년 8월까지 약 600편에 달하는 작품들이 여기에 속한다. 양도 방대할 뿐 아니라, 그 안에 담긴 내용도 계몽의 담론을 두루 망라하고 있어, 논설과 더불어 근대계몽기의 가장 중요한 자료에 해당한다. 자세한 내용은 강명관·고미숙, 『근대계몽기 시가 자료집』 전3권, 성균관대 출판부, 2000을 참조할 것.

어깨춤과 얼사절사 홍타령에 비루잡년 패를 차니 가련하다 네 신
세여

매음녀야 매음녀야 여자행신 하는 법이 수족 잠깐 남 뵈어도 욕보
았다 할 터인데 매음녀로 붙잡히면 병이 있나 검사할 제 깊이 깊이 감
춘 몸을 생전 초면 남자에게 해괴망측 다 내보이니 가련하다 네 신
세여

매음녀야 매음녀야 꽃이 울면 나비 오나 무정세월 약류파라 너의
얼굴 늙어지면 어느 낭군 찾을쏘냐 높이 뛰면 뚜쟁이요 까딱하면
걸인이라 논둑에서 죽고 보면 묻을 자도 없으리니 가련하다 네 신
세여

가련하다 매음녀야 하느님이 사람 낼 제 생명보존 자재함을 너희
들은 모를손가 나태 않고 근간하면 생활방도 많을지니 이런 행위
다 버리고 어서 바삐 회개하여 좋은 사업한 연후에 사람노릇 하여
보소

『대한매일신보』1909년 3월 31일자 시사평론

이런 작품은 매음녀의 구체적 양태를 재현하고 있다는 점에서
사료로서의 가치도 높은 셈인데, 여기서의 초점은 이 매음녀를 바라
보는 계몽주체의 시선이다. 그 시선은 정렬부인, 논개, 라란롤랑부인, 프
랑스혁명의지도자, 야안잔다르크 등만을 여성의 준거점으로 제시하고 있다.
그렇게 되면, 매음녀는 성적 욕구를 제어하지 못하는 존재라는 규정
을 벗어나기 어렵다. 거기에는 성적으로 정결한 여인과 그렇지 않은

경우라는 이분법만이 작동하기 때문이다.

그런데 문제는 직업적인 매음녀만이 아니다. 더 위험한 것은 내부에 있는 음녀들이다. 그녀들은 정숙한 여인네들과 뒤섞여 있거나, 그들 속에서 튀어나오기 때문에 더한층 위험하다. 마치 매음녀가 격리된 병인체라면, 음녀들은 신체 내부에서 암약하는 병인체들이기 때문이다.

문명기초 되는 것이 부인 중에 있다 하고 누누 권고하였건만 국민 근본 되는 부녀 어찌 그리 음탕한가 문견하다 해연하니 추상 같은 필법으로 크게 한 번 토죄하여 후일 징계 하여 보세

음녀들아 들어보소 가정책임 어떻기에 자녀교육 등기하고 살림살이 꿈밖인가 모양내고 출입할 제 활개치며 가는 거동 어리석은 생각에는 양양자득 한 듯하나 남 웃는 줄 네 아느냐

음녀들아 들어보소 돈견 같은 짐승들도 새끼날 때 아니 되면 하는 행동 정결인데 당당 국민 분자로서 염치없이 추루하니 저 돈견이 노여할 듯 그 신세를 네 아느냐

음녀들아 들어보소 청년과부 될 양이면 규중에서 한탄 말고 개가함이 당연인데 화조월석 때를 따라 유장천혈鑿牆穿穴 : 담에 구멍을 뚫는다는 뜻으로, 재물이나 여자를 탐내 남의 집에 몰래 들어감을 이름 통간하며 다른 사람 하나 없이 비밀하다 할지라도 신명 봄을 네 아느냐

음녀들아 들어보소 방탕성질 있거들랑 매음녀로 패를 차고 청원하여 생애함은 하등인의 예사인데 마마이니 역질이니 남의 별실 자

칭하며 간음키로 열이 났나 죽을 죄를 네 아느냐

음녀들아 들어보소 연회장을 설시하고 풍속괴란 하는 자도 천참만

류 하겠는데 그중에서 잡류배를 서방으로 고르려고 주야 없이 추

축할 제 눈짓하며 발광하니 비루함을 네 아느냐

음녀들아 들어보소 연회장에 들어가면 어떤 자와 정숙한지 상등교

의 걸터앉아 권연 붙여 입에 물고 창부배를 칭찬타가 노래곡조 하

는 대로 정신 없이 침 흘리니 중인지목 네 아느냐

음탕할사 너희들은 행락함이 좋거니와 자녀까지 버리느냐 개과천

선 할 양이면 가정홍왕 고사하고 전국문명 저 제도가 이로 좇아 발

달이나 항상 이와 같고 보면 한국일은 다 보았네

『대한매일신보』 1908년 12월 29일자 시사평론

가정의 책임, 자녀교육, 국민분자로서의 책무를 벗어나는 어떤
일탈도 용서받을 수 없다. 이런 식의 성적 일탈에 대한 참을 수 없는
거부감은 계몽담론과 대중문화의 적대적 이분법을 형성하고, 조선
후기보다 더 엄격한 소설 부정의 논리를 만들어 낸다. "「춘향전」은
음탕교과서, 「심청전」은 처량교과서, 「홍길동전」은 허황교과서"이해
조, 『자유종』라는. 이런 관점에서는 애국심을 고취하고 민족의 역사를
다루는 '역사전기소설'만이 소설적 가치를 지니게 된다. 애국적인 본
격문학과 그렇지 않은 나머지 문학——또 하나의 이분법!

그러므로 이제 방탕이야말로 민족의 적이자 최고의 수치가 되었
다. 그것은 단지 심판의 대상일 따름이다.

오색구름 자옥한데 여관들이 회동하여 재판정을 권설하고 재판장에 계월향이 단정하게 나앉은 후 논개낭자 검사되어 공소장을 제출하고 춘향낭자 서기되어 소장 사연 진술한 후 한국 내에 여죄인을 포박하여 대령한다

부부간에 잘못하면 잘하도록 권고하고 제 서방이 외입하면 정도로서 인도함이 사부녀의 도리거늘 저는 못된 짓만 하며 제 서방을 죽이려고 말도 차마 못할 곳에 손을 대어 죽였으니 저 요악한 계집년을 잡아들여 대령하고

능라금수 고운 옷을 맵시있게 입은 후에 연극장에 들어가서 분뒷박을 내두르며 낚시눈을 떠 가지고 서방질에 재미나서 집안일은 불고하고 음탕심만 탱중하여 풍화소관 불측하니 저 음탕한 화냥년들 잡아들어 대령하고

어요리御料理 : 일본 요릿집 간판란 등불 곁에 여호같이 나와 서서 와타시노 오망코가 맛이 사탕 한가지요 니짓센만 달라 하며 내왕인의 손을 잡고 맛 좀 보라 강청하여 남의 돈을 빼앗으니 예의방禮儀邦에 체류하며 매음하는 일녀들을 잡아들여 대령한 후

재판장이 설명하되 오늘 시간 다 됐으니 대령시킨 각 죄인은 감옥소로 이수하여 일후 판결 기다리고 의주기생 금선이는 애국심이 간절하여 신학문을 공부하고 신문지를 애독하니 포증장을 내어주어 그 행검을 포양褒揚하라

『대한매일신보』 1910년 3월 3일자 시사평론

염라국의 사신되어 통상조약 체결하고 여러 괴물 방매 후에 지부
형편 구경차로 황견역사 앞세우고 이리저리 왕래타가 풍도지옥 다
다라서 이 문 저 문 열고 보니 만고죄인 다 모였다 ……

어떤 옥문 열고 보니 망국하던 척신배를 도마 위에 올려놓고 백정
놈의 소를 잡듯 무수 귀졸鬼卒 늘어서서 날랜 칼로 벗기는데 명재경
각命在頃刻 참혹하니 한국 안의 모모 척신 죽은 후에 여기 왔고

어떤 옥문 열고 보니 간음하던 부녀들을 의복 벗겨 세워 놓고 목수들이
나무켜듯 무수 귀졸 마주 서서 큰 톱으로 쪼개는데 피가 흘러 낭자하니
한국 안의 모모 음녀 죽은 후에 여기 왔고

어떤 옥문 열고 보니 학민하던 탐관배를 우리 안에 잡아넣고 동물
원을 설시한 듯 독한 짐승 달려들어 서로 물고 깨무는데 분골쇄신
악착하니 한국 안의 모모 탐관 죽은 후에 여기 왔고 ……

어떤 옥문 열고 보니 매국하던 역적배를 도가니에 묶어 넣고 대장
장이 쇠 녹이듯 무수 귀졸 달려들어 번차례로 풀무 불매 뼈와 살도
안 남으니 한국 안의 모모 역적 죽은 후에 여기 왔고

어떤 문을 열려다가 열쇳소리 놀라 깨니 남가일몽 황홀하다 어화
한국 죄인들아 개과천선 할 양이면 거룩하신 상제께서 속죄하여
주시리니 아무쪼록 회개하여 저 지옥을 면해 보소

『대한매일신보』 1908년 12월 20일 시사평론

앞의 글은 죄지은 여성들을 재판하는 것이고, 뒤의 것은 여러 유
형의 죄인들을 지옥의 염라대왕이 심판하는 내용으로 되어 있다. 먼

저 앞의 여성들의 죄는 주로 성적인 것과 관련되어 있다. 외입한 남성의 성기를 절단한 여인, 연극장에 드나들며 서방질에 재미 붙은 여인, 매음하는 일녀 등. 계월향, 논개와 춘향 등이 재판정을 이룬다는 것도 얼마나 의미심장한가. 정결에 대한 강박증! 여기서도 최종적으로 신학문과 애국심이 유일한 메시지로 제시된다. 뒤의 텍스트는 간음죄를 지은 여인네들이 '목수들이 나무 켜듯 몸을 자르는' 잔혹한 형벌을 받고 있다. 말하자면, 간음 역시 반국가적·반민족적 죄악에 해당하는 것이다.

이것을 그저 단순히 수사학의 영역으로 치부할 성질의 것은 아니다. 왜냐면, 이런 유의 잔혹미학이 널리 유포되면, 이것은 여성들뿐 아니라 남성들의 무의식에도 깊이 각인되어 성적 욕구 자체가 모조리 도덕적 타락이라고 여기는 자기검열체계를 작동시킨다. 이 장의 서두 부분에서 밝혔듯이, 나의 청년기의 성의식 역시 그런 자장 위에서 움직였다. 결국 근대계몽기 성담론은 여성, 성규범, 가족주의 등 지금까지도 여전히 지속되고 있는 습속과 제도적 장치들의 기원인 셈이다.

논의를 정리해 보면, 근대적 성담론은 크게 두 가지 양상을 띠게 된다. 공창제도를 통해 성의 상품화를 가속화하는 한편, 사회구성원 개개인의 도덕적 무장을 통해 성적 일탈을 스스로 억제하도록 유도한다. 다시 말해, 포르노그래피는 지하에서 번성하도록 부추기면서, 그것이 공적 지표에 올라오는 순간 법적, 도덕적, 정신분석학적 기제가 총동원되어 단죄되는 것이다. 결국 남는 것은 극단적 이분법이다.

"나라 사랑하는 사람은 미인을 사랑하지 못하옵니까?"

강감찬이 땅 위에 놓인 칼을 가리키며, "이 칼 놓은 자리에 다른 것
도 또 놓을 수 있느냐?"

"안 될 말입니다. 한 물건이 한시에 한자리를 차지할 수 있습니까?"

강감찬이 이에 손을 치며, "그러하니라. 한 물건이 한시에 한자리를
못 차지할지며, 한 사상이 한시에 한 머릿속에 같이 있지 못하나니
이 줄로 미뤄 보아라. 한 사람이 한평생 두 사랑을 가지면 두 사랑
이 하나도 이루기 어려운 고로 …… 일은 다르지만 종교가가 신앙
밖에 다른 사랑이 있으면 종교가가 아니며, 애국자가 나라 밖에 다
른 사랑이 있어도 애국자가 아니다."

신채호, 「꿈하늘」, 『단재신채호전집』 하, 형설출판사, 1975, 211~212쪽

사랑과 애국, 둘은 함께 공존할 수 있는 가치가 아니다. 마치 칼
이 놓인 자리에 다른 것을 놓을 수 없는 것과 마찬가지로. 이런 구도
하에서는 사랑이나 성, 그것을 둘러싼 계열들은 모두 민족, 국가, 도
덕 등의 가치들과는 적대적인 것이 될 수밖에 없다. 이런 식으로 한
번 작동하기 시작한 이분법은 근대계몽기를 지나서도 깊은 영향력
을 행사한다. 이광수의 문학을 포함하여, 민족문학, 사회주의문학 등
이른바 정통 리얼리즘문학에는 언제나 이런 식의 이분법이 지속적
으로 변주되어 왔다. 모성성과 민족의 굳건한 결연, 탈성화된 모성성,
욕망과 혁명의 이원적 분지화 등 ── 어떤 제3의 길도 상상하지 못하
게 만드는 '홈 파인 공간'!

4. 섹슈얼리티에 관한 유쾌한 상상

이미 언급했듯이 우리 시대는 성이 범람한다. 도처에서, 거의 모든 순간에 성적인 것들을 환기하는 대상들에 둘러싸여 있다. 겉으로만 본다면 성은 정말 날개를 활짝 펴고 드넓은 허공을 비상하는 공작새처럼 보일 정도이다. 그러나 실제 상황은 전혀 그렇지 않다는 데 문제가 있다.

성이 범람할수록, 또 멜로드라마의 홍수 속에서 사랑의 찬가가 울려퍼지면 퍼질수록 욕망은 더한층 왜소해지고, 삶은 수동화되어 간다. 사랑과 성에 대해 많이 말해지면 질수록 사랑하는 능력, 오르가슴을 느끼는 능력은 점점 더 하강하는 이 지독한 역설을 어떻게 이해해야 할까? 그것은 성에 대한 인식론적 구도가 여전히 근대계몽기의 장에서 크게 벗어나지 못한 때문이 아닐까. 즉 정결과 타락, 사랑과 민족, 아내와 매음녀, 멜로와 포르노그래피 등을 가로지르는 이분법의 구도에 긴박되어 있는 한, 성과 사랑이 아무리 흘러넘친다 한들 그것은 삶의 능동적 벡터에 '반하는' 것일 수밖에 없다.

여성의 문제 역시 마찬가지이다. 성담론의 근본적인 변환 없이 진정한 여성해방은 실로 요원하다. 근대사회에서 여성이 국민의 범주 안으로 편입하기 위해서는 무엇보다 성적 주체로서의 욕망을 몽땅 헌납해야만 한다. 근대계몽기의 성담론은 이 '탈성화'가 어떤 담론적 배치하에서 이루어지는지를 원초적인 차원에서 생생하게 보여주고 있다. 결국 지금, 우리에게 요청되는 것은 여성해방이든, 성해방이든 성적 욕망이 삶의 유쾌한 동력으로 전이될 수 있는 변환의 지점을 찾는 일일 터이다.

자, 이제 그 전복적 상상력을 자극해 줄 글들로 이 장을 마무리하기로 하자. 이 장의 앞머리에서 『고려사』, 『동방견문록』이 우리의 울적한 심사를 달래 주는 유쾌한 동반자였다면, 지금 음미할 내용들은 20세기적 지평 위에서 펼쳐진 것이다.

1930년대 정신과 의사이면서 마르크스주의자로 활약한 빌헬름 라이히는 『파시즘의 대중심리』에서 파시즘을 이렇게 규정한다.

> 인종이론이 파시즘의 산물인 것이 아니라 그 반대이다. 즉 파시즘은 바로 인종적 증오의 산물이며, 그 인종증오가 정치적으로 조직되어 표현된 것이다. …… 인종이데올로기는 오르가슴의 능력이 없는 인간의 성격구조가 순수한 생체병리학적으로 표현된 것이다. …… 생동하는 것은 파시즘이 없이도 존재할 수 있지만 파시즘은 삶의 충동 없이는 존재할 수 없다. 파시즘은 사랑이 충만한 봄날, 생명체에 달라붙어 고삐 풀린 살인충동을 만끽하는 흡혈귀이다.
>
> 빌헬름 라이히, 『파시즘의 대중심리』, 황선길 옮김, 그린비, 2006, 14~16쪽

그에 따르면, 오르가슴의 능력이 없는 인간들, 가부장제, 종교적 금욕주의에 짓눌린 인간들이 스스로의 억압, 스스로의 죽음을 향해 달려가는 파시즘적 충동에 쉽게 휩쓸린다는 것이다. 그래서 그는 주장한다. "개인과 사회 속에 있는 자연스럽고 생명력 있는 힘들은 자

연스런 생명성의 자발적인 기능작용에 반反하여 작용하는 모든 장애물로부터 명확하게 분리되어야 한다"고. 진정한 혁명이란 '사랑, 일, 그리고 지식의 자연스런 기능을 드러낼 수 있는 가장 최선의 조건을 만들어 내는 것'이라고. 20세기 전반에 그는 이미 사랑과 혁명의 이분법을 넘어 새로운 변이의 선을 탔던 것이다.

또 하나 흥미진진한 텍스트가 있다. 중국 무술정변(1898)의 지도자 캉유웨이康有爲가 무술정변의 실패 이후에 쓴 저서 『대동서』이성애 옮김, 민음사, 1991가 그것이다. 『대동서』는 '우주적 비전'으로 가득찬 방대한 스케일의 유토피아서인데, 그 속에서 그는 섹슈얼리티에 대한 문제를 이렇게 제시한다.

인간은 하늘로부터 독립할 수 있는 권리를 받았으므로 여자는 남자의 힘에 의해 소유될 수 없다. 우연히 서로 만나 교합하지만 그것은 각각 천성을 즐기는 것뿐이다. 암수는 마치 열쇠와 자물쇠와 같아서 서로 맞으면 열리니 이것은 어떠한 법률로도 엄히 막을 수 없는 것이다. 견고한 성을 쌓으면 대포의 공격을 초래하고, 훌륭한 제방을 쌓아도 물길이 터지게 되듯이 자연 그대로 두는 것만 못하다. 그러므로 성이나 제방을 쌓는 것은 그것 없이 광막한 것만 못하다. 또한 남자가 시첩侍妾을 두면 당연하게 여기지만 여자가 정부를 두면 간부가 되니 또한 엄한 형벌은 결국 남자의 이익을 위해 만들어진 것일 뿐이다. 어찌 대동세처럼 인권이 확립된 시기에 그와 같은 일이 있을 수 있겠는가? 그러므로 대동세에 있어서 남녀의 관계는 개개인의 욕구를 만족시킬 수 있으면서 세상의 관습에 막힐 것도 없고 명분이나 한계에 제약을 받지 않고 오직 두 사람의 애정에 속하는 일인 것이다. 캉유웨이, 『대동서』, 581쪽

진리에는 본래 선과 악이 없는데, 여기에다 시비를 붙인 것은 모두 성인들이 그런 것이다. …… 사람에게 해를 끼치는 것은 악이요, 남에게 해를 끼치지 않는 것이 선이라 보인다. 옛날에 남자들의 동성 연애를 금지한 까닭도 또한 한 가지에는 좋아도 다른 것에는 나쁜 것으로, 후손이 끊겨 인구가 줄어들까 걱정하여 금지한 것이다. 태평세의 남녀는 평등하고 서로 간섭을 하지 않으며 자유롭다. 의복에도 차이가 없고 직업을 갖는 것도 모두 같아 더 이상 남녀의 차이가 없다. 또한 남녀의 교합이나 동성끼리의 교합에도 차이를 두지 않는다. 이때 사람들은 매우 안락한 생활을 하므로 인류가 번영하지 못할까 걱정할 필요는 없다. 서로 성적인 관계를 갖는 사람들이 남녀끼리든 동성끼리이든 모두 정책적으로 인정한 것이므로 다른 논쟁은 없을 것이다. 캉유웨이, 앞의 책, 582~583쪽

성의 경계는 말할 것도 없고, 가족의 경계, 이성애의 경계까지도 그는 단번에 돌파하고 있는 것이다. 캉유웨이는 무술정변 이후에는 혁명에 참여하지 못한 채 여전히 왕정복고에 집착함으로써 정치적으로 보면 반동이라는 평가를 벗어나기 어려운 인물이다. 그런데도 이미 20세기 초에 근대주의적 경계 너머를 사유했던 것이다. 자신의

정치적 행로, 그에 대한 역사적 평가조차 배반하는(?) 이 자유분방한

성적 상상력은 정말, 부럽기 그지없다. 더 자세한 내용은 김태진, 『대동서, 유토피

아를 찾아 떠나는 여행』, 북드라망, 2012를 참조하시라.

2장
성적 판타지, 그 흠 파인 공간

"오늘 과부란 과부는 모두 옛날의 열녀 폭이다. 제 부모에게서
강요를 당하는 것도 아니고, 자손들이 벼슬에 등용되지 못할
부끄러움을 가지는 것도 아니건만, 수절하는 것만으로는
절개가 되지 못한다고 왕왕 자살을 한다. 물에 빠지고 불에
뛰어들고 독약을 마시고 목을 매어 죽는 것을 마치 즐거운
곳으로나 가 듯하였다. 열렬하기는 열렬하지만 이 어찌
과한 일이 아니겠느냐?"
— 연암 박지원, 「열녀 함양 박씨전」烈女咸陽朴氏傳

"일반적으로 말하건대, '육체'와 '인구'의 접합점에서,
성은 죽음의 위협보다는 오히려 삶의 관리를 둘러싸고
조직되는 권력의 중심적인 표적이 된다."
— 미셸 푸코, 『성의 역사』 1권

물음 1 10여 년 전 미국 뉴욕주의 이타카^Ithaca에 있을 때였다. 코넬대학 동아시아 분과의 전통 때문인지 예상 밖으로 한국인은 물론 일본인들도 꽤 많았다. 가까이 있을 땐 일본, 하면 식민지 기억부터 떠올라 서로 으르렁대지만 백인들 사회에선 그저 비슷비슷한 동양인일 뿐이다. 그러다 보니 아주 가까운 이웃마을 사람을 만난 듯 친근했다. 특히 일본인들이 하는 영어는 참, 어찌나 편안하고 잘 들리던지!

한데, 그곳에서 만난 일본인들은 남녀노소를 불문하고 모조리 '욘사마'에 빠져 있었다. 정말 놀라울 정도로! <겨울연가>가 방영될 때 더러 보기도 했고, 신인시절부터 배용준의 카리스마를 감지한 바이긴 했지만, 그 지독한 열광을 목전에서 마주하자니 적잖이 당혹스러웠다. 하루종일 <겨울연가> 주제곡만 치고 있다는 유학생에서부터 <겨울연가>에 나오는 대사들을 한국어로 줄줄 외우는 여교수, 무슨 이벤트처럼 그 매운 떡볶이를 손수 만들어 먹으며 행복해하는 아줌마에 이르기까지. 정말이지 '해도 해도 너무한' 수준이었다. <겨울연가>의 배경이 춘천이라는 것도 그때 알게 되었다. 무슨 성지나 되는 듯 말하길래, 거기서 고등학교를 나왔다고 으스댔더니만, 그 부러움과 찬탄의 눈길이라니! 그리고 이어지는 각종 배려들^^. 뜻하지 않게 나 또한 이역만리에서 '욘사마 열풍'의 덕을 톡톡히 본 셈이다. 정황이 뭐건 간에 '욘사마 열풍'이 한일 간의 장벽을 무너뜨린 초유의 '역사적 사건'이었던 것만은 틀림없다.

그러고 보니, 참으로 궁금하기 짝이 없었다. 대체 <겨울연가>의 무엇이 일본인들을 그렇게 사로잡은 것일까? 첫사랑, 교통사고로 인한 이별, 기억상실증, 재회, 삼각관계 등으로 구성된 전형적인 멜로드라마가 그토록 절절하게 21세기 일본인들의 심금을 울린 이유를 대체 어떤 담론으로 설명할 수 있을까? 더욱 신기한 건 남녀노소를 막론하고 오로지 배용준에 열광한다는 사실이다. 이건 정말 미스테리다. 여주인공의 역할이 결코 작지 않았는데, 모두가 배용준에게만 '필'이 꽂혔다! 대체 왜?

물음 2 메일을 열면 수두룩허니 쏟아지는 스팸들, 그 대부분은 포르노 사이트 광고다. 맛보기로 몇 개는 그냥 보여 준다. 포즈나 상황설정도 아주 다채롭다. 남성들 중에서 그런 장면을 보고 흥분하지 않을 자 누가 있을까? 굳이 사창가로 원정을 갈 필요도 없고, 남의 눈을 피해 음란 사이트에 접속할 필요도 없다. 그냥 앉아서 공짜로 얼마든지 즐길 수 있다. 실로 포르노그래피의 전성시대가 도래한 것이다. 그 옛날, 『선데이 서울』에 나온 시커먼 테이프를 붙인 노출사진을 보거나 몰래 야한 만화를 돌려 보며 몸이 달아하던 시대에 비하면 실로 천국의 자유를 누리는 셈 아닌가?

한데, 참 신기하다. 근친상간, 원조교제, 스와핑에 화장실 몰카까지 여전히 신종 메뉴가 끊임없이 출현한다. 이 천국의 자유 속에서도 아직도 갈증이 해소되지 않다니. 하긴, 그도 그럴 것이 욕망을 포르노로 채우는 건 갈증을 바닷물로 해소하는 거나 마찬가지다. 갈애渴愛는 갈애를 낳고, 마침내 타는 듯한 갈증만 남을지니……

천국의 자유라 했지만, 우리는 잘 알고 있다. 누구도 여기서 자유와 행복을 누리지 못하리라는 것을. 그것은 실로 고독과 허무의 나락이라는 것을. 특히 남성들에겐 더더욱. 생물학적으로 남성은 성욕이 시각편향적이다. 시각적 자극에 반응하는 속도가 빠르다는 뜻이다. 특히 청소년기에 여기에 걸려들면 정말이지 헤어나기 어렵다. 실제로 포르노 때문에 몸을 망친 청소년들이 적지 않다고 한다. 그렇다고 그걸 솔직하게 표현할 수도 없고. 그러다가 마음도 같이 망가지게 된다. 그러니 얼마나 쓸쓸하고 서럽겠는가?(웃을 일이 아니다) 그래서 더더욱 변태적 행위에 집착하게 되고…….

요컨대 포르노가 그려 내는 성적 판타지는 언제나 생의 에너지를 소거하는 방향으로 나아간다. 그런데도 왜 사람들은 거기에서 헤어나지 못하는 것일까? 질문을 좀 세련되게 바꾸자. 왜 포르노가 주는 '쾌락'은 '삶의 행복'과 정반대의 벡터를 지니는 것일까?

1. 길 위의 여인, '옹녀'

탈주와 접속

평안도 월경촌(이름도 참 절묘하기도 하지!)이라는 마을에 열다섯 살 때부터 한 해에 한 명씩 '남편을 잡아먹은', 상부살이 잔뜩 긴 옹녀라는 여인이 있었다. 이 여인의 상부살이라는 것이 어찌나 지독한지 나중에는 '입 한 번 맞춘 놈', '젖 한 번 쥔 놈'들도 모조리 죽고 마니, "삼십 리 안팎에 열다섯 넘은 총각이 없어" "계집이 밭을 갈고", "처녀가 집을 일" 지경이 되었다.

여기서 옹녀는 이를테면 성적 욕망의 화신인 셈이다. 그리고 이 에로티즘은 항시 죽음을 거느리고 다닐 정도로 강렬하다. '상부살'이란 그녀가 지닌 욕망의 에너지를 단죄하고자 하는, 일종의 '주홍글씨'다. 그러나 그녀의 욕망은 멈출 줄을 모른다. 쉬임없이 남자들을 유혹하여 죽음으로 내몬다. 하여, 마침내 월경촌은 '계집이 밭을 갈고' '처녀가 집을' 이는 사태가 초래된다. 말하자면, 옹녀의 진격(!) 앞에서 월경촌을 통어하는 정착민들의 경제적 질서가 교란되어 버린 것이다.

"이년을 두었다는 우리 도내에 좆 단 놈 다시 없고, 여인국이 될 터이니 쫓을밖에 수가 없다"

예상대로, 공동체적 방어기제가 작동하면서 그녀는 경계 밖으로 축출된다. 하지만 그녀는 결코 수동적으로 쫓겨나지 않는다. 떠나면서 그녀가 하는 말을 들어 보라.

"어허 인심 흉악하다. 황黃·평平 양서兩西 아니며는 살 데가 없겠느냐? 삼남三南 좆은 더 좋다더고."

이것은 일종의 '탈주'다. 왜냐하면, '상부살'이라는 낙인 때문에 축출되는 것이 아니라, 오히려 욕망을 더욱 자유롭게 분출하기 위해

길을 떠나는 것이기 때문이다. 경계 바깥으로 '흘러 넘치는' 욕망의 여정!

그리고 그 길 위에서 '천하의 잡놈'으로 '삼남에서 빌어먹다 양서로 가는 중인' 변강쇠를 만난다. 강쇠는 거대한 남근의 소유자이자 옹녀와 마찬가지로 떠돌아다니는 욕망의 '흐름'flow이다. 그의 남근이 지닌 에너지가 마침내 옹녀의 상부살을 멈추게 했다. 그런 점에서 옹녀와 강쇠의 만남은 기존의 정착민적 질서에선 결코 용납될 수 없는 두 욕망의 '접속'이다.

길에서 방으로

둘은 만나자마자 눈을 맞추고 합궁배례를 한 후 바로 길 위에서 성행위를 벌인다. 「변강쇠가」의 가장 빛나는 아리아(!)에 해당하는 '기물타령'을 음미해 보자.

> (강쇠가 옹녀의 기물을 보고)
> "도끼날을 맞았던지 금 바르게 터져 있다. 생수처 옥답인지 물이 항상 괴어 있다. 무슨 말을 하려관대 옴질옴질 하고 있노."

> (옹녀가 강쇠를 보고)
> "냇물가에 물방안지 떨구덩떨구덩 끄덕인다. 송아지 말뚝인지 털 고삐를 둘렀구나. 감기를 얻었던지 맑은 코는 무슨 일꼬."

이것은 두 가지 측면에서 금기에 대한 강력한 위반이다. 우선, 성기노출 및 노골적인 섹스를 '열린 공간'에서 펼친다는 점에서. 다음은 섹스를 오로지 성기에 대한 것으로 환원해 버렸다는 점에서. 다시 말해, 주로 닫힌 공간에서 파격적 체위를 통해 진행되는 통상적 경우와 달리, 성에 대한 신비로운 '아우라'를 박탈해 버림으로써 포르노에 대한 '봉상스'common sense를 뒤집어 버린 것이다.

'기물타령'이 끝난 후 옹녀가 강쇠를 업고 부르는 또 하나의 아리아(!)인 '사랑가' 또한 주목할 만하다.

> "동방화촉 무엇하게, 백일향락 더욱 좋다. 황금옥 내사 싫의. 청석관이 신방이네"

이것은 '동방화촉', '황금옥'으로 표상되는 정착민적 의례에 대한 일종의 풍자다. 이렇듯 강쇠와 옹녀는 길 위에서 만난 커플답게 처음에는 유목민으로 출발한다. 일원산, 이강경, 삼포주, 사법정 등 전국을 두루 돌아다니며 도방살림을 이어가는 것이다.

하지만, 차츰 둘의 관계가 달라지기 시작한다. 우선 옹녀는 '들병장사' '막장사' '낮부림' '넉장질' 등 닥치는 대로 일을 하는 노동의 주체로 전이되었다. 그에 반해, 강쇠는 그녀가 모아 놓은 돈냥을 '댓냥내기 방 때리기 가보하기 퇴기질' 등등 온갖 방탕한 행태로 탕진하는 '탕아'가 되었다. 말하자면, 옹녀가 에로틱한 열정을 생산으로 전이하는 동안, 강쇠는 옹녀의 능력을 계속 소모시키는 '반동적인'reactive 존재가 된 것이다. 그와 더불어 둘의 관계는 수평적 결합에서 수직적 위계로 변환되어 버렸다.

그들은 마침내 도방살림을 청산하고, '심산궁곡 찾아가서 사람 하나 없는 산전이나 패서 먹자'고 지리산으로 들어간다. 개방된 길 위에서 막다른 공간으로! 이제 강쇠의 남근은 옹녀의 생산적 에너지를 억압하는 방식으로만 작동한다. 예컨대, 지리산 궁곡으로 들어갈 때, 강쇠가 하는 말. "십 년을 굶어도 남의 계집 바라보며 눈웃음하는 놈만 다시 아니 보게 되면 내일 죽어 한이 없네." 이건 강쇠가 옹녀의 욕망을 자신의 영토 안에 묶어 놓으려는 강한 집착의 표현이다. 유목을 멈추는 순간, 욕망은 바로 고착화된다! 외부와 단절된 지리산 깊은 계곡이라는 공간 설정 역시 이 같은 고착화와 맞물려 있다.

그리고 이렇게 '닫혀진 욕망'은 필연적으로 '죽음본능'을 향해 나아갈 수밖에 없다. '극도에 다다른 에로스의 충동은 죽음의 충동과 다르지 않다'는 사드^{Donatien Alphonse Francois de Sade}의 말을 따르건, '에로티즘은 죽음까지 파고드는 삶'이라는 조르주 바타유^{Georges Bataille}의 명제를 떠올리건 간에.

남근과 타나토스

지리산에 들어가서도 여전히 "낮이면 낮잠 자고, 밤이면 배만 타"던 강쇠는 옹녀의 등쌀에 못 이겨 둥구마천 길에 서 있는 장승을 패어 땐다. '장승'이 전^前근대 농촌 공동체의 수호신임을 상기할 때, 강쇠가

한 유일한 '노동'인 이 '장승패기'는 게으름, 도박, 폭력 그리고 시도 때도 없는 섹스 등으로 점철된 강쇠의 일탈이 주류적 질서와 부딪히는 파열의 극점을 의미한다.

이것이 파멸의 징후임을 감지한 옹녀는 장승을 도로 세우고 올 것을 간청한다. 그러나 강쇠의 대답은 이렇다. "가사家事는 임장任長이라 가장家長이 하는 일을 보기만 할 것이지, 계집이 요망하여 그것이 웬 소린고." 허 참, 이 어처구니없는 가부장적 독단이라니! 극단적인 일탈과 가부장제의 권위, 이것이 강쇠라는 남근이 표상하는 기호이다. 가장 변경에 있으면서도 가부장제의 수호자를 자처하는 이 기막힌 아이러니! 고로, 마지널marginal과 마이너minor는 질적으로 다른 것이다.

이제 강쇠는 아무도 못 말린다. "장승을 쾅쾅 때어 군불을 많이 넣고, 유정부부 훨씬 벗고 사랑가로 농탕치며, 개폐문 전례판을 맛있게 하였구나." 죽음을 앞둔 마지막 섹스의 황홀함! 곧바로 장승들의 가혹한 징치와 기상천외의 죽음이 이어진다.

강쇠의 죽음은 실로 참혹하다. 팔도의 장승 귀신들이 모두 합세하여 "머리에서 발끝까지" "팔만사천 털구멍"에 오만 가지 병이 들어 "사지가 불인하고, 만신이 자통하여 굽도 잦도 꼼짝달싹 다시는 두 수 없이 마개틀 모양으로 뻣뻣이 누워" 49일을 앓다가 낭자한 부스럼과 피고름이 코를 찌르는 채 죽음을 맞이하였다. 잔혹한 신체형을 통해 권력의 화려한 스펙터클을 과시하고자 했던 중세적 처벌방식을 그대로 보여 준다. 푸코의 『감시와 처벌』의 맨 첫대목에 나오는 끔찍한 처형장면을 연상시키는 대목이기도 하다.

참으로 놀라운 건 죽기 직전 강쇠가 보여 준 태도다. 숨이 넘어가면서도 그는 옹녀에게 자신의 3년상을 지낸 후에 '비단 수건 목을 졸라 저승으로 찾아오'라 하고, "내가 지금 죽은 후에 사나이라 각색하고 10세 전 아이라도 자네 몸에 손을 대거나 집 근처에 얼른하면 즉각 급살할 것이라"는 저주를 퍼부으며, "속곳 아구대에 손김을 풀쑥 넣어 여인의 보지 쥐고 으드득 힘주"며 불끈 일어선 채로 최후를 맞는다. 오 마이 갓!

옹녀는 어디로?

이 엽기적 행위는 강쇠라는 인물이 표상하는바, 남근의 속성을 단적으로 말해 준다. 즉, 그는 주류에서 벗어난 일탈자이면서도, 어떠한 능동적 가치도 생산해 내지 못하는 존재이다. 그러므로 그가 '죽음의 선'을 타게 되었음에도, 옹녀에 대한 도착증을 버리지 못하는 건 지극히 당연하다. 그의 욕망은 운동을 멈추고, 오로지 소유와 집착이라는 '홈 파인 공간'만을 타고 흐르기 때문이다. 옹녀의 눈으로 본다면, 그녀를 쫓아낸 월경촌이나 강쇠를 징치하는 장승패거리들이나 옹녀에게 저주를 퍼붓는 강쇠, 이 셋은 작동하는 방식은 다를지언정, 억압적 코드라는 점에선 일맥상통한다.

따라서 강쇠의 죽음 이후 장황하게 이어지는 장례 절차는 옹녀라는 분자적 개체와 강쇠가 표상하는 남근 이데올로기와의 한판 대결장이기도 하다. 그녀는 강쇠의 '저주에 찬' 협박에도 전혀 굴하지 않고, 곧바로 생기발랄한 욕망의 주체로 돌아가 거리에서 남자들을 유혹한다. 그러나 이 싸움은 결코 녹록지 않다. 데려오는 남자들마다 강쇠의 시체를 보고 즉사하거나 아니면 그 자리에 얼어붙어 버린다. 강쇠라는 남근, 아니 가부장제의 저주를 떨쳐 버리기란 얼마나 어려운 것인지!

장례식에는 풍각쟁이패, 초라니패, 사당패 등 온갖 종류의 떠돌이 군상들이 두루 등장한다. 이건 욕망의 자유로운 흐름과 남근 이데올로기의 대결이 전 사회적인 배치를 지니고 있음을 말해 주는 것이 아닐지. 마침내 '뎁득이'라는 대담한 인물을 만나 사건은 간신히 종결되고 그 와중에 옹녀는 마침내 강쇠의 시체로부터 해방된다. 옹녀는 처음 월경촌에서 쫓겨날 때처럼 홀로 길을 떠난다. 강쇠라는 남근의 지배를 벗어나 다시 '길 위에 선' 것이다. 그녀는 대체 어디로 갔을까?

2. 「변강쇠가」에 대한 지질학적 탐사

미스터리들

「변강쇠가」는 현전하는 판소리 '여섯 마당' 가운데 창이 전해지지 않는 유일한 레퍼토리이다. 그리고 다른 작품들이 여러 버전을 거느리고 있는 데 반해, 이 작품은 오직 『신재효 판소리 전집』에만 사설이 남아 있다. 이러한 '언표적 희박성'(푸코)은 아마도 19세기 판소리의 주요 패트런이었던 양반 좌상객들의 취향에 맞지 않았기 때문이라고 보는 것이 학계의 통설이다. 그들로서는 이 작품에 흘러넘치는 파격적 외설을 용납하기 어려웠으리라.

한때 나도 이런 견해에 동의했었다. 하지만, 지금은 생각이 좀 다르다. 일단 질문방식을 바꿔야 할 것 같다. 판소리 열두 마당 가운데 반 정도가 사라졌는데, 그 와중에 어떻게 이 '지독한 외설'이 살아남을 수 있었을까? 그것도 판소리사에서 가장 전성기이자 가장 보수적인 시대에 해당하는 19세기 후반의 『신재효 판소리 전집』에. 주지하듯, 신재효는 대원군을 주요 패트런으로 거느릴 만큼 그 영향력이 막강했다. 만약 상류층 좌상객들이 정말로 꺼려했다면, 어째서 신재효는 아예 텍스트 자체를 제외해 버리는 쪽을 택하지 않았을까?

이것이 「변강쇠가」가 내장하고 있는 첫번째 지층이다. 그걸 바탕으로 텍스트 내부로 들어가 보자. 이미 대략 감상해 보았듯, 「변강쇠가」는 심한 외설이다.* 성기 노출은 약과다. 강쇠 몸을 덮친 엽기적 질병들, 웬만한 호러물 정도는 '짭이 안 되는' 장례 절차 등 요즘의 기준으로 봐도 '하드코어'에 해당한다. 후반부가 하도 강도가 높아 전반부의 포르노 부분은 차라리 가볍고 경쾌해 보일 정도다. 놀랍지 않은가? 어떻게 이렇게 지독한 하드코어가 버젓이 열린 마당에서 '말해질' 수 있었을까?

---

* 「변강쇠가」에 대한 분석은 신동원, 「변강쇠가로 읽는 성·병·주검 문화의 수수께끼」, 『호열자, 조선을 습격하다』, 역사비평사, 2004를 참조하라. 「변강쇠가」를 의학의 문화사적 관점에서 다룬 글로 「변강쇠가」 못지않게 흥미진진하다.

또 한 가지. 이 작품은 권선징악의 구도를 취하지 않는다. 즉, 「춘향가」나 「흥부가」, 「수궁가」 등처럼 선악 이분법의 구도를 전혀 취하지 않고 있다. 변강쇠는 물론 '나쁜 놈'이다. 그렇다고 옹녀가 착한 주인공인가? 또 강쇠가 가해자고, 옹녀는 피해자라 할 수 있을까? 그럴수도 있지만, 강쇠의 죽음이 하도 처참해서 그렇게 보기도 어렵다. 게다가 옹녀는 분명 팔자 사나운 여인네지만, 그녀에게서 비련의 정조를 감지하기란 정말 어렵다. 한마디로, 강쇠건 옹녀건 선악과 도덕의 차원에서 '노는' 인물들이 아니다. 다른 등장인물들도 마찬가지다. 어찌 보면, 욕망이 흘러가는 대로 '헤쳐 모여' 사는 인간군상들이라 할 수 있다. 그 욕망은 어떤 조건을 만나느냐에 따라 탈주의 여정이 되기도 하고, 반동적 남근 이데올로기의 화신이 되기도 한다.

해피엔딩을 취하지 않는 것도 특이하다. 고전소설 가운데 해피엔딩 아닌 경우를 찾기란 정말 쉽지 않다. 어떻게 들릴지 모르지만, 한국인은 체질적으로 비극을 좋아하지 않는다. 적어도 근대 이전에는 그랬다. 비극적인 것, 한스러운 것에 탐닉하게 된 건 전적으로 근대 이후부터다. 더욱이 조선후기에 성행한 판소리계 소설과 영웅소설은 한결같이 시끌벅적한 해피엔딩으로 막을 내린다. 「춘향전」의 '어사또 출두 장면', 「심청전」의 '봉사들 눈뜨는 장면' 등을 떠올려 보라. 그렇게 보면 「변강쇠가」의 결말은 가히 전위적(!)이다. 줄줄이 사탕처럼 시체에 들러붙은 각종 떠돌이패들의 정경도 그렇거니와, 두 소나무 사이로 달려들어 시체를 절단한 다음, 나머지 부분은 절벽에 갈아 흔적을 없애 버리는 결말은 공포를 넘어 삶과 죽음에 대한 '실존적 허무주의(?)'를 야기한다.

이 와중에 주인공 옹녀는 홀연 사라진다. 점입가경! 온갖 인물군상들이 출몰하는 가운데 문득 옹녀의 행방이 묘연해진 것이다. 상부살로 뭇남성들을 사로잡던 서두에 비하면 너무나 초라하고도 쓸쓸한 퇴장인 셈. 해피엔딩도 아니지만, 그렇다고 비극적 결말이라고 하기도 어렵다. 아니, 그건 둘째 치고 이렇게 되면, 서사적 유기성 자체가 매우 불안정한 결말구조 아닌가. 신재효는 나름대로 합리적 서사구조를 중시한 인물이다. 다른 작품들의 경우, 이본들 사이를 비교해보면, 신재효식의 윤색의 흔적이 역력하다. 그런 그가 「변강쇠가」에 대해서는 어째서 이런 식의 결말을 방치한 것일까? 아니면 "작가가 옹녀의 운명에 대해 외면한 것이거나, 또는 그녀에 대한 평가를 명확하게 정립하지 못했던 서술사적 동요"정출헌, 「조선후기 하층여성의 인생역정과 그 문학적 형상」, 『고전문학과 여성주의적 시각』, 소명출판, 2003, 205쪽의 결과인가?

요컨대 이 작품은 단순한 외설로 치부하기엔 너무나 많은 미스터리들을 내장하고 있다. 그리고 그건 분명 중세의 주류적 질서와 화해하기 어렵다. 하지만 절대 잊어서는 안 될 것이 그러한 금기들이 열린 마당에서 '말해졌다는' 사실이다. 이게 진짜 미스터리다. 즉, 버전이 왜 그렇게 희박한가를 묻기보다 거꾸로 이렇게 많은 금기를 내장한 텍스트가 어떻게 공공연하게 전승될 수 있었는지를 탐구해야 할터. 특히 「춘향가」, 「흥부가」, 「수궁가」 등등 권선징악과 해피엔딩의 구조를 갖춘, 소위 건전한 레퍼토리들과 같은 공간에서 공존했다는 사실이야말로 우리가 반드시 궁구해야 할 미스터리임에 틀림없다.

불연속적 지대

중세 후기와 근대는 결코 매끄럽게 연결되지 않는다.[*] 내가 굳이 판소리의 여러 레퍼토리 가운데 「변강쇠가」를 여기에 배치한 이유도 그 때문이다. 지금까지 「변강쇠가」의 외설은 주로 탈중세적인 것으로 해설되곤 했다. 왜냐? 중세는 성담론을 억압했고, 성을 자유롭게 떠들어 대는 건 근대적인 것이라고 설정하고는 그러한 척도에 맞춰 중세 후기의 성담론을 해명하려 했기 때문이다. 「변강쇠가」보다 좀 '약한' 외설에 해당하는 완판본 「춘향가」나 사설시조의 에로티시즘까지 말이다.

바로 여기에 근대적 망상과 편견이 작동한다. 근대에 들어 비로소 성이 해방되었다는 것만큼 어이없는 전제도 없다. 그것은 중세를 억압과 질곡의 암흑기로 설정할 때라야 가능한 일이다. 하지만, 이 작품의 존재가 바로 그에 대한 반증이다. 20세기 내내 「변강쇠가」와 겨룰 만한 외설 혹은 포르노는 등장하지 않았다. '언더'에서도 그랬지만, 무엇보다 공공연한 담론의 장 위에서는 더더욱. 참으로 이상하지 않은가? 중세는 암흑기요, 근대는 해방기라는 도식에 따르면 「변강쇠가」의 창조적 전승이 대대로 이어져야 마땅하지 않은가 말이다. 창조적 전승은 고사하고, 「변강쇠가」는 근대와 더불어 증발되고 말았다.

---

[*] 중세 후기에서 근대로의 추동력을 찾아내고, 역사가 연속된다는 걸 증명하고자 하는 것 자체가 진화론의 산물임은 이 시리즈의 1권 『계몽의 시대』에서 충분히 밝힌 바 있다.

「변강쇠가」가 판소리 계보 안에서 소수자에 해당하는 건 분명하다. 다른 작품에 비해 단 하나의 버전밖에 없다는 것도 그렇고, 나머지 레퍼토리들에 비하면 흥행 순위도 확실히 밀린다. 그런데 문제는 그 다음이다. 20세기에 들면 이 작품은 아예 판소리 전통에서 축출된다. 판소리가 흥행장르로 성공하여 무대에 오르고, 나중엔 창극으로 변주되어 전성기를 구가할 때, 또 이해조라는 걸출한 신소설 작가에 의해 판소리의 주요 레퍼토리들이 개작될 때, 그리고 이후에도 「변강쇠가」는 홀연 자취를 감춘다. 마치 옹녀가 작품 속에서 사라져 버린 것처럼.

「변강쇠가」가 대중 앞에 다시 모습을 드러낸 건 1971년이다. 박동진 명창이 만년에 「변강쇠가」의 창을 다시 복원한 것이다. 박동진 명창의 카리스마가 유감없이 발휘되긴 했지만, 유감스럽게도 결말을 지나치게 합리적(?)으로 윤색했다. 정출헌, 「조선후기 하층여성의 인생역정과 그 문학적 형상」, 205~206쪽 옹녀가 강쇠의 송장을 보자마자 우뚝 서서 죽어 버리고, 그러자 뎁득이와 각설이가 합의하여 강쇠와 옹녀를 합장한 뒤 떠나는 식으로. 그런가 하면, 또 다른 버전에선 옹녀가 뎁득이와 다시 살림을 차리는 것으로 마무리하기도 했다. 남편을 따라 죽거나 다른 남자의 품으로 들어가거나. 소위 박동진식 해석을 취한 셈인데, 그로서도 옹녀가 그냥 사라지는 건 용납하기 어려웠던가 보다.

다른 한편, 1980년대 후반 에로영화의 붐과 함께 부활되어 변강쇠와 옹녀는 바야흐로 범민족적 지명도를 확보하기에 이르렀다. 초절정 정력의 화신 변강쇠와 그의 파트너 옹녀의 등장! <변강쇠> 1·2

와 <최후의 변강쇠>, <돌아온 변강쇠> 등등. 이 작품들이 옹녀와 변강쇠를 어떤 방식으로 '띄웠는지는' 다들 짐작하시리라. 이렇게 하여 「변강쇠가」는 한편으론 지극히 합리적으로, 다른 한편으론 오직 남근의 문제로 재영토화되었다. 그와 더불어 「변강쇠가」의 특이한 지층들은 모조리 묻혀 버렸다.

요컨대 역사는 결코 연속적으로 발전하지 않는다. 다시 말해 중세 후기와 근대는 불연속적 지대라는 것이다. 욕망이 억압되었다가 해방되는 것이 아니라, 시대마다 각기 다른 욕망의 배치가 있다. 분명, 중세 후기는 성에 대한 활발한 담론들이 만개한 시대였다. 그리고 그것이 중세의 주류적 질서로부터 탈주하는 벡터를 지닌 것만은 틀림없다. 그러나 그것이 '근대적'이라고 보는 것만큼 심오한(?) 착각도 없다.

근대는 느닷없이 번개처럼 도래했다. 그와 더불어 전혀 낯설고 새로운 종류의 성담론이 형성되었다. 성적 판타지 혹은 욕망의 배치가 전면적으로 바뀐 것이다. 성적 욕망에 수반되었던 '떠들썩한' 웃음도 차츰 사라져 갔다. "그렇다고 해서 온전한 침묵의 지배 아래 놓인 것은 아니다. 이전에 못지 않게 말해진다. 그러나 다르게 말해진다." 푸코, 『성의 역사』 1, 45쪽 이제 성을 둘러싼 새로운 판타지가 구성되었다. 그에 따라 사랑과 섹스, 연애와 결혼을 둘러싼 모든 욕망이 재조직되었다. 이번 장의 문제설정은 다음 장까지 계속 이어진다. 한 호흡으로 읽어 주기 바란다.

3. 계몽담론과 성적 욕망의 배치

'성'의 통제

자유와 평등. 근대의 슬로건은 이 두 가지로 압축된다. 중세의 신분적 불평등, 초자연적인 것에의 예속을 타파한다는 명분에서였다. 대지와 혈통에 묶여 있던 인민을 국민이라는 새로운 주체로 호명하기 위한 프로젝트의 일환이었다. 성담론 역시 출발지점은 다르지 않다.

근대적 성담론은 주로 신문을 통해 구축되었다. 구한말에서 1910년대까지 신문은 모든 담론들이 전파되는 통로였다. 『독립신문』, 『황성신문』, 『대한매일신보』 등이 그 주력에 해당한다. 먼저, 『독립신문』 주체들은 서구 유학파 출신의 계몽주의자들답게 서구식 풍속을 강력하게 전파하는 데 혼신을 기울인다. 다음이 그 점을 잘 보여 주는 자료이다

남편과 아내란 것은 평생에 쓰고 단 것을 함께 견디고 만사를 서로 의논하여 집안일을 하며 서로 믿고 서로 공경하고 서로 사랑하여 아내는 남편이 무슨 일을 하는지 알고 남편은 아내가 무슨 일을 하는지 알아 서로 돕고 서로 훈수하여 세상에 좋은 친구같이 지내야 할 터인데

『독립신문』 1896년 6월 6일자 논설

남편과 아내가 좋은 친구라니. '남존여비, 부부유별'의 중세적 윤

리를 단번에 날려 버리는 놀라운 발견 아닌가? 부부의 위상이 높아진다는 건 "성적 욕망이 생식기능의 중대함 속에 남김없이 흡수되어 버린다" 푸코, 『성의 역사』 1, 24쪽는 걸 의미한다. '일부일처제'를 향한 정지 작업이 시작된 것이다. 이런 전제에 입각해 보면, 조선의 혼인제도는 미개하기 짝이 없다.

> 조선 사람들은 당초에 아내를 얻을 때에 그 부인이 어떤 사람인 줄도 모르고 여편네가 그 사나이를 어떤 사람인 줄도 모르면서 남의 말만 듣고 혼인할 때 상약하기를 둘이 서로 사랑하고 공경하며 미쁘게 평생을 같이 살자 하니 이런 소중한 약속을 서로 하며 서로 보지도 못하고 서로 성품이 어떤지 모르고 이런 약조들을 하니 이렇게 한 약조가 어찌 성실이 되리오 …… 사나이와 여편네가 평생을 같이 살며 집안을 보호하고 자식을 생육하자 하면서 백지에 모르는 사람들이 이런 약조들을 하니 실상을 생각하면 어찌 우습지 않으리오
>
> 『독립신문』 1896년 6월 6일자 논설

초점은 간단하다. 중매에 의한 결연은 서로에 대해 전혀 모른 채 약조를 하기 때문에 성실한 관계를 이룰 수 없다는 것. 이 말은 맞기도 하고 그렇지 않기도 하다. 옹녀와 변강쇠는 서로를 알고 결연한 것인가? 춘향이와 이몽룡은? 그리고 보면, 근대 이전의 결연에는 서로를 확인하는 과정이 없다. 그것은 대개 '한방에!' 이루어진다. 성적

교감의 측면에서 보면, 그게 더 리얼하지 않은가? 하지만, 근대는 일단 그런 식의 교감방식을 신뢰하지 않는다. 직관이나 촉발보다 이성을 더 우위에 두기 때문이다. 이성을 통한 욕망의 불균질성을 통어하기 위한 장치! 혼인연령이 대폭 늦춰지는 것도 그 때문이다.

> 사람이 스물이삼 세가 되어야 겨우 지각이 나고 세상이 어떤 줄을 알고 옳고 그르고 자기가 무슨 일을 하는지 아는 것을 조그마한 어린 아해들을 압제로 혼인을 시켜 서로 살라 하니 아해들이 어렸을 때에 혼인이 무엇인 줄 모르고 부모가 하란 대로 하였거니와 지각들이 난 후에는 후회하는 사람들이 많이 있는지라 그런 고로 음심 있는 사나이들은 첩을 얻고 음행을 하는 폐단이 생기는 것은 다름이 아니라 자기의 아내를 참사랑하지 아니하는 것이오 조선 여편네들을 압제로 풍속을 만들어 하고 싶은 말도 못 하게 하는 까닭에 속에 분하고 원통한 일이 있어도 감히 말을 못 하니 이런 부부 사는 집안이 어찌 화목하며 복이 있으리오 또 제일 국가에 해로운 일은 골격이 자라기 전에 아해들이 혼인을 하여 자식들을 낳으니 그 자식들이 튼튼치가 못하고 사람의 씨가 차차 줄어 가는지라 아해들이 혼인하는 일은 정부에서 금치 않아서는 못 할 터이오

『독립신문』 1896년 6월 6일자 논설

요컨대 '조혼'과 '억혼'은 금지되어야 한다는 것이다. 너무 어린 나이에 부모가 마음대로 혼인을 시키기 때문에 남편들은 첩을 두게

되고 여성들은 압제를 받는다는 것. 그럼 몇 살쯤 해야 되는가? 스물 두세 살이다. 아마도 당시로선 그 나이가 사회적으로 볼 때 성인에 해당했던 모양이다. 지금의 기준으로 본다면, 그것도 아주 '새파란' 나이에 해당한다. 그 사이에 더더욱 문명화되다 보니 교육과 병영제도, 취업양상 등 사회적 조건이 대폭 달라졌기 때문이다. 요즘은 스물다섯 이전에 결혼을 한다고 하면, 아마 조혼으로 취급될 것이다.

이렇듯, 문명적 기준은 생물학적인 것과는 별개로 작동한다. 생물학적으로 보면, 춘향이와 이몽룡처럼 10대가 성적으로 가장 혈기 왕성하다. 그때 남녀가 교합하여 아이를 낳는 것은 지극히 당연한 이치다. 한데, 이러한 풍속이 어느 날 갑자기 조혼이니 억혼이니 하는 식으로 규정되어 버린 것이다. 요컨대 중세와 근대는 연속적 평면 위에서 말하고 있지 않다. 즉, 판단의 준거가 전혀 다르다.

> 지금 구미의 모든 나라에서는 호적의 법을 실시하여, 매년 호구를 조사하여 남녀의 죽고, 살고, 옮겨 가는 숫자를 명료하게 알고 있으니, 이것은 진실로 바꿀 수 없는 법이다. 이 법이 어지러우면 화폐를 만들고 병정을 뽑는 것도 또한 실시할 수가 없다.

김옥균, 「치도약론」治道略論, 『한성순보』 1884년 7월 3일자

그렇다. 중요한 건 10대냐 20대냐가 아니라 인종론 및 인구론적 관점이 새로운 척도로 작동되기 시작했다는 사실이다. 우수한 인종을 생산하는 것, 인구가 번성해야 한다는 것 —— 이 두 가지가 성의 목

표로 설정된 것이다. 따라서 이제 성은 국가의 철저한 통제와 관리 하에서 행해져야 한다. 생물학적 기준 따위는 중요하지 않다. 근대적 인간이 자연과 육체를 배제하면서 우뚝 솟아오른 것처럼, 생체의 자연적 리듬에 대한 고려는 필요치 않다. 자연과 마찬가지로 인간의 몸과 욕망 따위는 얼마든지 관리, 통제될 수 있으므로.

생각해 보면, 좀 이상하긴 하다. 춘향과 이몽룡 커플은 그렇게 진한 섹스를 했는데도 어째서 임신을 하지 않았을까? 아니, 임신에 대한 두려움이 조금도 없었을까? 옹녀와 강쇠도 그렇다. 허구한 날 '그짓'을 했는데도 왜 아이가 생기지 않았을까? 불임이라는 암시는 어디에도 없다. 그건 아마도 출산이라는 사항이 성욕의 배치에 별 영향을 끼치지 않았기 때문일 것이다. 조금 다른 예지만, 「흥부전」을 보면, 흥부는 자식들이 열 명이 넘을 만큼 수두룩하고, 놀부는 자식이 별로 없다. 그러다 흥부가 '대박이 터'지고 나면, 갑자기 흥부의 자식들은 두세 명으로 팍 줄어 버린다. 세상에, 이럴 수가! 하지만 꼭 그렇게 황당한 것만은 아닌 것이, 흥부의 가난을 강조할 때는 자식이 수두룩하다는 사실이 필요하지만, 부자가 되고 나서는 그걸 특별히 강조할 이유가 사라진 것이다. 즉, 생식과 출산이 꼼꼼하게 체크되지 않는다는 건 그것이 중요한 척도로 작용하지 않는다는 의미이기도 하다. 하지만 인종론과 인구론적 관점에 입각하면, 모든 구성원들의 임신과 출산은 엄밀하게 체크되어야 한다. 그러니 함부로 성관계를 맺어서는 안 된다.

신소설 「혈의 누」에서 남자주인공 구완서의 말을 들어 보자. "내가 우리나라에 있을 때에 우리 부모가 내 나이 열두서너 살부터 장가를 들이려 하는 것을 내가 마다하였다. 우리나라 사람들이 조혼하는 것이 옳은 일이 아니라." "학문도 없고 지식도 없고 입에서 젖내가 모랑모랑 나는 것을 장가들이면 짐승의 자웅같이 아무것도 모르고 음양배합의 낙만 알 것이라." 그래서 "우리나라 사람들이 짐승같이 제 몸이나 알고 제 계집 제 새끼나 알고 나라를 위하기는 고사하고 나라 재물을 도둑질하여 먹으려고 눈이 벌겋게 뒤집혀서 돌아다"닌다는 것이다. 조혼풍속이 야만 정도가 아니라, 아예 짐승 같은 짓으로 비유되고 있다. 그에 반해, 서양인종은 혼인을 늦게 하기 때문에 "남녀에게 크게 유익하여 사람마다 혈기가 왕성하고 기질이 견확한 고로 그 자손들도 자연히 장대하고 번성하여 해마다 인구가 늘어"『독립신문』 1899년 6월 20일자 논설 간다. 그러니 "정부에서 법률을 만들어 압제혼인법을 없애고 남녀의 혼인할 연기(나이)도 작정하며 또 병신과 비렁뱅이들과 천치들은 당초에 혼인을 못하게 하며 누구든지 혼인하려면 그 고을 관원이 친히 신랑신부의 연기와 사세와 소원을 자세히 사실하여 법률상에 마땅한 연후라야 혼인하는 것을 관허하여 주는 것이 나라에 큰 사업"『독립신문』 1898년 2월 12일자 논설이라는 매우 생산적(?) 대안을 제시한다. 비정상인들은 아예 생식을 허락하지 않고, 정상인들의 경우는 여러 조건을 꼼꼼히 체크한 뒤, 법적으로 들어맞은 뒤에야 혼인을 하도록 허여한다. 이게 압제혼인법을 벗어나 자유와 평등이라는 명제하에 구성된 성적 욕망의 배치다. 억수로 자유롭고 평등하지 않은가? 쩝!

부자유한 '자유연애'

그럼 이제 남녀는 어떤 방식으로 결연을 해야 하는가? 자유롭게 만나 평등하게 사랑해야 한다. 구체적으로 어떻게? 앞에 인용된『독립신문』논설(1896년 6월 6일자)의 중간 부분을 보면, 그 과정이 세밀하게 정리되어 있다.

먼저, 만남은 주로 "나이 지각이 날 만한 후에 서로 학교든지 교당이든지 친구의 집이든지 모꼬지 같은 데서" 이루어진다. '지각이 나기 전에는' 절대로 멋대로 성관계를 맺어서는 안 된다. 아무데서나 눈이 맞아서도 안 된다. 학교나 교회, 친구의 집, 파티장 같이 공적인 시선이 통제가능한 곳에서만 사인을 주고받아야 한다.

그 다음, 남녀가 서로 "사랑할 생각이 있을 것 같으면 그 부인 집으로 가서 자주 찾아 보고 서로 친구같이 이삼 년 동안 지내" 보아야 한다. '사랑할 생각이 있을 것 같다'니? 아마도 호감을 갖는다는 의미인가 보다. '한방!'에 눈이 맞아서도 안 되고, 눈이 맞는다고 바로 성적 교합을 해서도 안 된다. 이삼 년간은 족히 참아 내야 한다. 그때에도 "만일 서로 참사랑하는 마음이 생길 것 같으면 그때는 사나이가 부인에게 자기 아내 되기를 청하고 만일 그 부인이 그 사나이가 마음에 맞지 않을 것 같으면 아내 될 수가 없노라고 대답하는 법"이다. 청혼을 하는 것은 남자 쪽이지만, 여성의 의사를 전적으로 중시해야 한다는 것. 참, 민주적이기도 하지. 「혈의 누」에도 이런 대목이 나온다.

(구완서) 우리가 입으로 조선말은 하더라도 마음에는 서양 문명한 풍속이 젖었으니, 우리는 혼인을 하여도 서양 사람과 같이 부모의 명령을 좇을 것이 아니라, 우리가 서로 부부될 마음이 있으면 서로 직접하여 말하는 것이 옳은 일이다. ……

김관일은 딸의 혼인 언론을 하다가 구씨가 서양 풍속으로 직접 언론하자 하는 서슬에 옥련의 혼인언약에 좌지우지할 권리가 없이 가만히 앉았더라.

사실 이건 '눈 가리고 아웅'하는 꼴이다. 이미 모든 것이 결정된 다음에 이런 절차를 밟으면서 스스로 위로를 받는 것일 뿐이다. 서양적이고 민주적으로 결정했다는. 이런 식의 존중이 관계를 얼마나 탈진하게 만드는지는 다음 장에서 '소설가 구보씨'의 연애담을 들어 보면 알게 될 것이다. 그게 아니라도, 한 번이라도 '사랑에 빠진' 경험이 있는 이들이면 잘 알 것이다. 이런 민주적 태도로는 절대로 '진도'가 안 나간다는 걸. 자유와 평등을 이념으로 삼는 민주주의가 얼마나 허울뿐인 정치체제인지를 '자유연애'론을 통해서도 충분히 파악할 수 있다.

물론 여성이 청혼을 수락한다 해도 바로 결혼에 골인하는 건 아니다. 아직도 '더' 기다려야 한다. "마음에 합의할 것 같으면 허락한 후에 몇 달이고 몇 해 동안을 또 서로 지내 보아 영영 서로 단단히 사랑하는 마음이 있"어야 한다. 정말이지 이 정도면 신중한 걸 넘어 기다리다 지쳐 '숨넘어 갈' 지경이다. 그렇다고 이게 끝이 아니다. 둘이 완전히 합의한 경우에도 곧바로 몸을 섞어서는 안 된다. 교회와 관공서, 곧 '상부'의 허락을 받아야 한다. 먼저 날을 잡아 "교당에 가서 하느님께 서로 맹세하되 서로 사랑하고 서로 공경하고 서로 돕겠노라고" 맹서를 한다. 이건 당사자들이 기독교신자라는 전제가 있어야 가능한 거 아닌가. 한데, 그렇지가 않다. 당사자들의 종교가 무엇이건 전혀 아랑곳하지 않고 이런 식의 맹서를 당연한 의례절차로 제시하고 있다. 문명화된 인간이라면 누구나 하느님에 속해 있다는 것. 그리고 사랑과 결혼은 모름지기 교회에 가서 서원을 해야 순수하고 진실하다는 것. 이런 식의 전제가 이 시대에 이미 '풀가동'되고 있는 것이다. 멜로드라마에서 주인공들이 기독교신자라는 암시가 없는데도 툭하면 교회나 성당에 가서 사랑의 맹서를 하는 걸 볼 때마다 어처구니없었는데, 그 계보학적 기원이 바로 여기에 있었던 셈이다. 19세기 말에 수입된 전통(?)이 이 '포스트 모던한' 시대에까지도 면면히 이어지는 걸 보면, 한국의 근대와 기독교의 인연은 정말 깊고도 질긴 셈이다. 하느님께 맹서를 한 다음엔 관가에 가야 한다. "관가에 가서 관허를 맡아 혼인하는 일자와 남녀의 성명과 부모들의 성명과 거주와 나이를 다 정부 문적에 기록하여" 두어야 한다. "만일 사나이든지 여편네가 이 약속한 대로 행신을 아니하면 그때는 관가에 소지하고 부부의 의를 끊는 법"이다.

이것이 이른바 서구식 만남과 사랑과 결혼의 절차이다. 소위 자유연애와 자유결혼의 과정을 제시하고 있는 셈인데, 역설적이게도 이 과정은 도무지 자연스럽지도, 자유롭게 보이지도 않는다. 사랑이라는 말을 붙이기도 민망할 정도로 썰렁하다! 솔직히 이 논설이 겨냥하는 바는 남녀간의 욕망이 아니라, 욕망에 대한 '통제 메커니즘'이다. 즉, 그것은 장기간에 걸쳐 서로를 탐색하고 교회와 관가의 허락을 받는, 매우 세심하게 관리되고 제어된 관계일 뿐이다.

이렇게 조밀한——실은 지루하기 짝이 없는——과정을 거치면 마치 영원한 사랑이 보장될 것처럼 여기는 것 자체가 큰 착각이요 오산이다. 이후의 진행과정이 잘 보여 주듯, 성욕을 가족으로 흡수하려고 하면 할수록 가족의 기반은 더더욱 해체되어 가지 않았는가. 부자유한, 너무나 부자유한 '자유연애', '자유결혼'.

이런 과정에는 당연히 성적 욕망이나 열정적 파토스 따위가 들어설 자리가 없다. 오히려 어디로 튈지 모르는 '욕망의 불온성'을 경계 밖으로 축출하고자 하는 강력한 의지가 엿보인다. 아울러 이런 배치하에선 사랑의 열정을 통해 경계를 넘나든다는 건 상상조차 하기 어렵게 되었다.

'민족' — 욕망의 블랙홀

옥련이가 구씨의 권하는 말을 듣고 조선 부인 교육할 마음이 간절하여 구씨와 혼인언약을 맺으니, 구씨의 목적은 공부를 힘써 하여 귀국한 뒤에 우리나라를 독일국같이 연방도를 삼되, 일본과 만주를 한데 합하여 문명한 강국을 만들고자 하는 비사맥비스마르크 같은 마음이요, 옥련이는 공부를 힘써 하여 귀국한 뒤에 우리나라 부인의 지식을 넓혀서 남자에게 압제받지 말고 남자와 동등권리를 찾게 하며, 또 부인도 나라에 유익한 백성이 되고 사회상에 명예 있는 사람이 되도록 교육할 마음이라. 이인직, 「혈의 누」

이게 구완서와 옥련이 서로의 사랑을 확인하고 결혼을 약속하는 순간이다. 참으로 대단한 애국자들 아닌가. 뿐만 아니라, 어떤 공산주의자들도 실천하기 어려운 '동지적 사랑'에 기초하고 있다. 작가 이인직은 친일파로 유명한 인물인데도 이토록 '애국심' 혹은 민족주의 이념이 투철했다. 일본과 만주를 합한 문명강국까지 꿈꾸다니 말이다. 이 시절부터 이미 친일행각에 빠져 민족을 배신했노라고 핏대를 올릴 필요는 없다. 이때는 이인직이 아니라 그 누구라도 애국심을 불태울 정도로, 사회적 열기가 고양된 시기였기 때문이다. 그 누구라도 한 번쯤 혁명을 꿈꾸지 않을 수 없었던, 저 '불의 연대' 1980년대가 그랬던 것처럼.

아이러니하게도, 1907년(정미7조약)에서 1910년(한일병합)까지 계몽담론이 봇물처럼 터져나오기 시작한다. 본격적 식민통치와 더불어 계몽의 파토스 또한 한껏 고양되었던 것이다. 이때 기존의 가치들이 무너진 폐허 위에 화려하게 등장한 기호가 있었으니, '민족'이 바로 그것이다. 민족의 흡인력은 실로 강력했다. 그것은 개인과 자유, 문명과 진보 등 모든 종류의 개념들을 빨아들이는, 일종의 '블랙홀'이었다. 하지만, 그것은 발견되자마자 사라져야 할, 다시 말해서 부재 속에서만 현존을 드러내는 역설적 운명에 처해 있었다. 부재를 통해서만 존재를 증명하는 그 역설이야말로 민족이라는 기호의 '물적 토대'(?)였다.

성담론 또한 이 자장을 벗어날 수 없었다. 『독립신문』을 통해 잠깐 불기 시작한 '자유연애,' '자유결혼' 바람은 제대로 불어 보지도 못하고 순식간에 민족이라는 장 속으로 흡수되어 버렸다. 구완서와 옥련이가 잘 보여 주듯이, 모든 욕망은 국가와 민족을 지향해야 한다. 둘은 서로에 대한 애정을 확인한다기보다 얼마나 민족을 위해, 문명을 위해, 그리고 교육을 위해 일할 수 있는가를 탐색하고, 확인한다. 최소한의 육체적 욕망이나 짜릿한 시선의 교차도 없다. 아니, 그 따위는 전혀 필요하지 않다. 공적 욕망으로 모든 것이 충분했으므로.

당연히 모든 결연관계는 공식적인 혼인제도로만 수렴되었다. 이제, "합법적이고 생식력 있는 부부만이 규범으로 자리 잡는다". "각 가정의 내부에서와 마찬가지로 사회적 공간에서도, 단 하나의 장소──부모의 침실──만이 성적 욕망의 처소로 인정된다." "나머지 것들은 흐려질 수밖에 없다. 예의 바른 태도가 육체를 교묘하게 피하고, 고상한 말들이 담론을 표백하기 때문이다. 불임의 행동이 지속적으로 너무 분명하게 드러날 경우, 그것은 비정상적인 것으로 변질될 것이며, 따라서 법에 따라 응분의 처벌을 받아야 했다." 푸코, 『성의 역사』 1, 24쪽

또 과부개가금지법이 철폐되었음에도 여성의 수절은 고매한 윤리로 자리잡게 되었다. 논개, 춘향, 계월향, 황진이 같은 기녀들이 새로운 스타로 떴는데, 그 논리가 참 기묘하다. 논개는 애국심을, 춘향

은 절개를 대표한다. 곧 애국심과 성욕의 문제가 그대로 포개지고 있는 셈. 기생이나 매음녀에게도 애국심과 정절을 요구할 정도니 보통의 여인네들이야 말해 뭣할까.

잘 알다시피, 뿌리 깊은 습속, 특히 성규범과 관련된 습속은 법을 고친다고 해서 바뀌는 게 아니다. 인도의 카스트제도가 그렇고, 청나라 시절 중국 한족여인들의 '전족纏足 풍속'이 그렇다. 아무리 법으로 금지를 해도 '먹히지가' 않는 것이다. 오히려 금지하면 할수록 더한층 맹목적 관성이 생기는 법이다. 조선시대의 '수절 풍속' 역시 그러했다. 연암의 말마따나, "개가해서 낳은 자손을 벼슬에 등용하지 않는다고 한 것이 어찌 뭇 백성의 보통사람을 두고 규정한 것이겠는가?" 사대부 특권층에나 해당하는 것이었다. 그런데도 오랜 시간 동안 그것이 하나의 풍속이 되어, 시골 구석진 곳에 사는 여인네들까지 '부모가 강요하는 것도 아니고', '명예가 높다 해서 자손이 벼슬에 등용될 것도 아니건만' 왕왕 남편을 따라 목숨을 끊곤 했던 것이다. 연암은 탄식한다. "열렬하기는 열렬하지만 이 어찌 과한 일이 아니겠느냐?" 따라서 갑오경장 때 과부개가금지법이 철폐되었다 해서 과부들이 자유롭게 개가를 하고, 성적 해방을 누렸으리라 보는 건 착각 중의 착각이다. 법은 멀고 도덕은 가까운 법인데, 도덕적으론 조선시대보다 더 '여유의 공간'이 사라져 버렸다. 모든 구성원들에게 동일한 규범이 요구되었기 때문이다. 하물며 민족주의적 성규범이 저토록 엄격함에 있어서랴.

이런 배치는 이후 특정 이념과 무관하게 한국인의 무의식적 기저로 작동하게 된다. '부자유한' 자유연애의 최종심급이 교회당이었던 것처럼, 중세적 신분질서로부터 해방된 개체들의 '성적 리비도'가 지향해야 할 도달지점은 민족이었다. 물론 이 둘은 서로 모순되지 않는다. 한국의 근대에 있어 기독교와 민족주의는 동전의 양면처럼 맞물려 있다. 구조적으로는 쌍둥이처럼 닮아 있다. 민족을 위해 몸을 바치려면 성적으로 순결해야 한다!

자유롭고 평등하게 사랑하라, 단 신과 민족의 이름 아래서만(더 솔직히 말하면, 신과 민족을 사랑하고도 남는 힘이 있을 때만)! 이것이 계몽담론이 구축한 '성적 판타지'였다.

4. 연애 ― 신화 혹은 신흥종교?

이중구속

요컨대, 19세기 말에서 20세기 초는 신과 민족의 이름 아래 욕망의 재영토화가 일어난 시기라 할 수 있다. 이런 마당에 옹녀가 증발한 건 너무도 당연하다. 「춘향전」조차 음탕교과서로 규정되는 마당인데, 옹녀의 자리가 있을 턱이 없다. 이해조가 춘향이를 '옥중화'獄中花, 즉 '정절의 화신'으로 변조한 것이 성욕에 대한 담론적 배제라면, 옹녀의 거침없는 여정은 숫제 '침묵·봉쇄'되었다. '말해질 공간'이 사라져 버린 것이다. "생식의 범주에서 벗어나 있거나 그것에 의해 변모되지 않는 자는 가정의 안락도 법의 보호도 기대할 수 없다. 물론 귀

기울일 만한 가치도 없다. 이와 동시에, 추방되고 거부되며 침묵할 수밖에 없는 궁지에 몰린다. 그러한 자는 존재하지 않을 뿐만 아니라, 존재하지 않아야" 푸코, 『성의 역사』 1, 24쪽 하기 때문이다.

그럼 진정으로 성욕을 온전히 통제할 수 있었는가? 물론 아니다. 우리가 잘 알다시피, 20세기 이후 매음, 사창가, 성매매가 본격화되면서 성은 공공연한 상품이 되어 갔다. 『대한매일신보』에 따르면 당시 약 5천 명에 달하는 매음녀가 영업을 했다고 한다. 이들은 철저히 경찰의 관리를 받았다. 매주 토요일마다 매음녀들에겐 매독검사가 실시되었다. 『대한매일신보』에 기생, 매음녀 등에 대한 언술이 그토록 많았던 것도, 따지고 보면, 사회적으로 이미 그들의 존재가 점차 확산되어 가는 양상을 반영하는 셈이다.

크게 보면, 일종의 역할분담이 진행되었다. 기독교와 민족주의가 성욕에 대한 '거룩한 억압'을 유도하는 가운데, 자본은 성을 상품화하면서 성욕의 배설구를 다채롭게 마련하되, 아울러 그 원만한(?) 관리를 위해 경찰과 위생제도를 적극 동원했던 것. 그 결과 욕망의 이원적 양극화가 점차 자리를 잡아가게 된다. 예컨대, 성을 통한 자본의 증식을 위해 성욕의 배설이 적극 조장되는 한편, 대신 담론의 장에서는 철저히 축출해 버리는 식으로. 이제 성에 관한 노골적 표현은 금지되었다. 「변강쇠가」가 보여 준 성기노출, 시체훼손 같은 건 엄두조차 내서도 안 된다. 그것은 오직 어둠속에서만, 닫힌 공간에서만 말해지고 상상되어야 한다. 그러니 「흥부가」나 「수궁가」 같은 '건전가요'와 「변강쇠가」 같은 음란물이 하나의 담론적 지평 위에서 '뛰어

노는' 일 같은 건 있을 수도 없고, 있어서도 안 되었다. 하지만 역설적이게도 그렇기 때문에 엄청나게 많은 말들이 떠돌게 된다. 즉, 사회가 성을 어둠속으로 몰아넣자, "그것을 '누구나 다 아는' 비밀로 이용함으로써 끊임없이 그것에 대해 말하는 데 열중"푸코, 『성의 역사』 1, 53쪽하게 된 것이다.

이러한 이중구조는 동시에 '이중구속'double bind이기도 하다. 한편으론 신과 민족의 이름 아래 '탈성화하는' 훈련을 고도화해야 하고, 다른 한편 포르노와 사창가를 통해 성욕을 '음험하게' 배설하는 노하우를 터득해야 한다. '성스러운' 성性과 변태적 성의 퍼레이드. 욕망의 차원에서 보면, 둘 모두 '홈 파인 공간'이다. 이래저래 고달프게 되었다. 둘 다 엄청난 스트레스를 동반하기 때문이다. 그리고 이 이중구속 사이에서 등장한 새로운 변이형이 바로 '연애'다.

'이상열기'

3·1운동 이후 조선은 유례없는 이상열기에 휩싸였다. 다름 아닌 연애열이 그것이다. 모든 청춘남녀들이 졸지에 '연애에 살고 연애에 죽기를' 열망하게 되었다. 이른바 '연애의 시대'가 도래한 것. 연애담이 사회를 '들었다 놨다' 하는 요물이 되었고, 실제로 목숨을 거는 인물들도 속출했다. 게다가 1920년대 중반, 조선에 갑자기 일련의 '빨간 책'이 쏟아지기 시작한다. 『동아일보』 광고면을 기준으로 해서 보자면, '성학'性學 운운하는 책 광고가 첫선을 보인 것은 1923년 하반기

다.권보드래, 『연애의 시대 : 1920년대 초반의 문화와 유행』, 현실문화연구, 2003, 165쪽 참 뜻밖이다. 우리가 배운 바로는 이때는 부르주아적 독립운동이 좌절되고, 본격적인 무장투쟁을 준비하는 시기 아니던가. 그런데 웬 연애와 섹스 타령?

일단 연애는 철저히 근대의 산물이다. 「공무도하가」나 「황조가」, 「서경별곡」에서 사설시조로 이어지는 '사랑타령'의 창조적 변형이 아니라는 것이다. 연애라는 말 자체가 일본에서 유입된 '러브'love의 번역어일 뿐 아니라, 연애로 표상되는 욕망의 흐름 또한 전적으로 "새로이 학습된 열정"이라는 점에서 그렇다. 이 학습에는 취학률의 상승, 독서대중의 형성, 서간집이라는 형식, 잡지와 신문 등 매체들의 번성을 통한 문화열의 고취 등 기타 여러 가지 요인이 함께 작용했다.권보드래, 『연애의 시대』 참조.

그중에서도 특히 문학은 이 이상열기의 주범(?)이다. 3·1운동 직후는 이른바 '현대시'와 '현대소설'이 본격적으로 문화의 주역으로 급부상한 시기였다. 그리고 시와 소설의 주요테마는 단연 연애다. 그러므로 '연애의 시대'는 곧 '문학의 시대'이기도 했던 것. 물론 그 이전에 독자들은 이광수의 『무정』無情(1917)을 통해 이미 한 차례 학습을 거친 바 있다. 『무정』에서도 사랑의 최종심급은 여전히 민족과 교육이다. 형식이 영채와 선형, 병욱 등 세 여자를 앉혀 놓고 일장훈계를 하는 마지막 장면을 떠올려 보라. 하지만 더 이상 계몽의 담론이 비장한 파토스를 연출하기란 쉽지 않다. 그 진지한 장면이 다소 우스꽝스럽게 느껴지는 건 그 때문이다. 그동안 계몽은 충분히 학습되었다.

따라서 독자들이 『무정』에서 학습한 건 형식과 두 여자가 벌이는 삼각관계라는 새로운 '커리큘럼'이었다. 그리고 3·1운동 이후 그때 익힌 것을 바야흐로 실전에 옮긴 것이다. 대체 연애가 뭐길래?

『재생』과의 마주침

2004년 가을, 미국 이타카에 머물 때, 한국에서라면 결코 불가능했을 우발적 마주침들을 종종 경험하곤 했다. 이광수의 『재생』再生을 만나게 된 것도 그 가운데 하나다. 『재생』은 1924년 11월 9일부터 1925년 9월 28일까지 『동아일보』에 연재되었던 장편소설이다. 연재 당시 꽤나 인기를 끌었음에도, 어찌된 일인지 1955년에야 처음 단행본으로 출간되었다. 하지만, 그와 동시에 문학사에서도, 독자들한테도 곧바로 잊혀졌다고 한다. 워낙 다른 작품들의 명망이 높다 보니 자연스럽게 묻혀 버린 건가? 아니면 다른 무슨 사연이라도?

솔직히 나는 이 작품의 제목도 잘 모르는 문외한이었다. 그런데 운 좋게도 코넬대학 한국학 담당교수인 마이클 신이 바로 이광수 전공자였다. 그의 권유로 처음 『재생』을 접하게 되었다. 독자들은 그렇다손 치고, 연구자들은 왜 그동안 이 작품을 외면했을까? 아무튼 이래저래 『재생』은 아주 생소한 작품이다(내가 감상한 저본은 1996년 우리문학사 간행본이다).

솔직히 처음엔 별 뜻 없이 읽기 시작했다. 근데, 뜻밖에 아주 재미있었다. 중학교 때 이광수의 『흙』을 읽으며 짜릿한 감동을 받았던 이래 식민지시대 소설을 이렇게 재밌게 읽기는 처음인 것 같았다. 이 작품의 주인공들은 3·1운동에 열렬히 참여한 소위 운동권 투사들이다. 3·1운동이 끝나자, 이들은 졸지에 '연애의 화신'들로 변모한다. 말하자면 이 작품은 1990년대 후반에 유행한 운동권 '후일담'의 원조 격인 셈이다. 그렇기 때문에 지금 우리가 탐색하고 있는 주제, 즉 근대적 욕망의 구조가 적나라하게 스케치되어 있다. 3·1운동 이후 왜 그토록 연애 열기에 휩싸였는지, 그리고 그것이 어떤 식으로 작동·변주되는지 등. 마치 인류학적 보고서를 읽는 느낌이 들 정도였다.

하여, 나는 이 소설을 상세히 따라가면서 연애라는 '은밀한'(!) 코드를 하나씩 풀어 보기로 작정했다. 인생이 예기치 않은 우연의 연속이듯, 글쓰기 역시 그러하다.

대체 무슨 일이?

나이는 모두 이십삼사 세가 되었으나 아직 일정한 직업 ─ 아내라든지 어머니라든지 교사라든지 ─ 이 없는 좋게 말하자면 여자 중의 귀족이요, 좋지 못하게 말하자면 여자 부랑자들이다. 그중에서 순영이나 선주와 같이 부잣집의 첩으로 간 사람들이 가장 성공한 것으로 여러 사람의 부러워함을 받는다. '연애는 신성하지. 사랑만 있으면 나이가 많거나 적거나 본처가 있거나 없거나 상관있나?' 하는 것이 그들의 연애관이다. 이 연애관이 서로 같기 때문에 그들은 서로 친한 것이다.

순영이 이 소설의 여주인공이다. 순영을 포함하여 이 소설의 모든 인물들을 움직이는 기본동력은 연애다. 유형은 다를지언정 모든 인물들의 삶에서 연애는 '알파요, 오메가'다. 말하자면, 이들이 바로 '연애의 시대'를 주도한 주력부대였던 것. 물론 여성이 주요 멤버다. 연애가 담지하고 있는 원초적 여성성 때문일 터, 이에 대해서는 '여성-되기'에 대한 4장에서 좀더 깊이 있게 논의할 예정이다. 그런데 이들의 전력이 아주 흥미롭다.

그 여자들은 대개 예수교회에 다녔다. 그들이 예배당에서 허락할 수 없는 혼인을 하기까지는 대개는 예배당에 다녔고 혹은 찬양대원으로 혹은 주일학교 교사로 예수교회 일을 보았다. 또 혹은 그들의 가정의 영향으로, 혹은 3·1운동 당시의 시대정신의 영향으로, 그들은 거의 다 애국자였었다. 만세통에는 숨어 다니며 태극기도 만들고 비밀 통신도 하고 비밀 출판도 하다가 혹 경찰서 유치장에도 가고 그중에 몇 사람은 징역까지 치르고 나왔다. 그때에는 모두 시집도 안 가고 일생을 나랏일에 바친다고 맹세들을 하였다. 그러한 여자가 서울 시골을 합하면 사오백 명은 되었다.

기독교와 민족주의 ── 역시 계몽기에 정초된 토양은 넓고도 깊었다. 한편으론 교회로, 다른 한편으론 민족으로 향했던 욕망의 배치가 3·1운동을 기점으로 변화를 겪기 시작한 것이다. 그 변화의 노정 또한 리얼하게 묘파되어 있다.

그러나 만세열이 식어 가는 바람에 하나씩 둘씩 모두 작심삼일이 되어 버려서 점점 제 몸의 안락만을 찾게 되었다. 처음에 한 사람이 시집을 가 버리면 마음이 변한 것을 책망도 하고 비웃기도 하였다. 그러나 그 사람이 시집을 가서 돈도 잘 쓰고 좋은 집에 아들딸 낳고 사는 것을 보면 그것이 부러운 마음이 점점 생겨서 하나씩 하나씩 시집들을 가 버렸고 아직 시집을 못 간 사람들도 내심으로는 퍽 간절하게 돈 있는 남편을 구하게 되었다. 한국을 위하여 몸을 바친다는 것은 옛날 어렸을 때 꿈으로 여기고 도리어 그것을 비웃을 만하게 되었다.

독립운동에 투여되었던 에너지가 이젠 개별적 욕망으로 이동한 것이다. "'연애와 돈', 이것이 그들의 정신을 지배하는 종교다." 비단 여성들만 그랬겠는가. "그들의 오라비들도" "마음이 풀어져서 모두 이기적 개인주의자가 되고 말았다. 오라비들이 미두를 하고 술을 먹고 기생집에서 밤을 새우니 그들의 누이들은 돈 있는 남편을 따라 헤매지 아니할 수가 없었다." "포도주를 마시고 청지연을 피우"며 이들이 나누는 이야기라곤 "음악 이야기, 소설 이야기, 문사 비평, 시집간 동무들의 남편 비평, 집 비평, 세간 비평, 새로 지은 옷 비평" 따위였다. 이중에서도 특히 소설과 문사들 이야기가 주를 이루었다. 왜냐? 당시의 문화계는 소설가들이 장악하고 있었기 때문이다. 이들은 연애에 관한 이야기를 만들어 내는 생산 주역이자 스캔들을 일으키는 실제 주인공이기도 했다. 요즘의 연예인들과 드라마가 그렇듯이.

이러한 것들이 다 애국이라는 금박과 종교라는 은박을 벗어 놓은 그들에게는 불행히 이런 것 이상의 화제는 없었다.

'인생은 돈이다!'

'오직 하나의 쾌락만 생각하여라!'

'나라나 종교나 사회에 대한 의무나 이런 것은 모두 헛갑이다!'

이것이 그때의 한국의 젊은 아들딸들의 생활을 지배한 원리였다.

이 대목을 보면서 좀 놀랐다. '돈과 쾌락'이 애국과 종교를 대체하는 과정이 너무나 단순명쾌하게 지적되어 있어서다. 돈과 쾌락이 난무하는 천박한 풍조를 비판하기는 쉽다. 그런데 그 계보가 신과 민족으로 흡인되었던 욕망의 변주라는 사실을 노골적으로 지적하기는 쉽지 않다. 역시 이광수답다고 해야 하나? 이 사실을 염두에 두지 않고서는 '연애에 살고 연애에 죽는' 그 기이한 열기를 납득하기 어렵다. 연애가 왜 근대인의 신화 혹은 신흥종교가 될 수 있는지도.

열정의 화신

남자주인공 봉구는 연애의 화신이다. 그야말로 연애의 고귀한 이념을 온전히 구현한 인물이다. 봉구 역시 3·1운동에 열렬히 투신했던 애국자다. 운동을 하면서 순영을 만났고, 일제경찰을 피해 다니면서 순영에 대한 사랑이 싹트기 시작하였다. 여기까지는 누구나 예상하는 바대로다. 그런데, 어느 순간부터 극적인 전도가 일어난다. 연애감정이 애국심을 압도해 버린 것이다.

봉구는 무슨 까닭으로 이 운동을 시작하였던가, 그것조차 잊어버렸다. 인제는 다만 자기가 힘을 쓰면 쓰는 만큼, 위험을 무릅쓰면 무릅쓰는 만큼, 순영이가 기뻐해 주고 애썼다고 칭찬해 주는 것이 기뻤다. ……

봉구가 감옥에서 나와서 첫 할 일은 순영을 찾아보는 것이었다. 그가 감옥에 있는 동안에 생각한 것은 오직 순영이와 같이 있던 기억을 천 번이나 만 번이나 되풀이하였다. ……

"나는 한국을 사랑한다. 순영을 낳아서 길러 준 한국을 사랑한다. 만일 순영이가 없다고 하면 내가 무슨 까닭으로 한국을 사랑할까? 순영이를 알기 전에도 나는 한국을 사랑하노라고 하였다. 그러나 그때에는 내가 왜 한국을 사랑하였는지 모른다. 순영이를 떼놓으면 한국이 무슨 의미가 있을까? …… 순영이가 그처럼 사랑하는 한국을 내가 아니 사랑할 수 있을까? 내가 한국을 위하여 이까짓 감옥의 고초를 받는 따위는 어떠랴! 살이 찢기고 뼈가 부서지고 목숨이 가루가 된들 무엇이 아까우랴!"

이 대목에서 주인공 봉구에게 이념이 불철저하다고 비난하는 건 너무 '썰렁한' 비판이다. 더 중요한 건 애국적 열정이 연인에 대한 '열광적 사랑'으로 고스란히 옮겨 갔다는 사실이다. '순영을 낳아서 길러 준 한국이기 때문에 사랑한다'니. 이렇게 황당하면서도 절실한 사랑고백이 또 있을까. 그런 점에서 봉구의 욕망은 하나도 감손되지 않았다. 감옥의 고초, 뼈를 깎는 아픔을 모조리 감내하고도 남을 만큼 치열하고 도저하다. 다만 그 대상이 민족에서 순영이라는 여성으로 전이되었을 뿐. 바로 여기에 연애가 근대인의 신화가 되는 토양이 있다. 연애를 야기하는 욕망의 기초에 민족이 있다면, 연애는 숭고한 것이다. 아니, 숭고한 것이어야 한다. 민족을 대체하는 것일 뿐 아니라, 대체해도 좋은 것이라면, 그에 값할 만큼 고귀하고 순결해야 한다. "순수성을 잃어버린 사랑은 더 이상 아름다운 열정일 수도, 순정한 이상일 수도, 계몽의 합리성에 어울리는 덕목일 수도 없다. 이광수가 새로이 안출해 낸 사랑의 이념은 이 지점에서부터 작동하기 시작한다." 서영채, 『연애의 문법』, 민음사, 2004, 88쪽

순영씨, 나는 이로부터 나의 몸과 마음을 모두 당신에게 바치나이다. 만일 내가 한국을 사랑하는 마음이 있다 하면 그것은 당신을 낳고 길러 준 나라이기 때문이로소이다. 순영씨, 사랑의 힘이 어찌하면 이토록 크고 무서우리까. 그 뜨거움이 눈 깜짝할 사이에 나를 온통 살라 버릴 듯하여이다. 나는 당신 앞에 이렇게 두 무릎을 꿇고 두 팔을 들어 당신의 손이 이 불쌍한 영혼을 쳐들어 일으키기를 고대하고 있나이다.

봉구가 순영에게 바치는 편지의 한 대목이다. 마치 구약성서의 한 대목을 보는 듯한 느낌이다. 무릎을 꿇고 팔을 들어 연인의 손길

을 기다리는 포즈 역시 십자가나 마리아상 앞에서 기도하는 모습을 연상시킨다. 몸과 마음, 영혼까지 송두리째 바치는 사랑이라? 이쯤 되면, 종교적 서원에 해당하는 수준 아닌가? 맞다. 봉구의 연애는 종교를 대체하는 신념이다. 아니, 그 자체로 종교다. '신흥종교'로서의 연애.

그러니 봉구에게 있어 연애란 존재를 몽땅 걸어도 아깝지 않은 지고의 가치다. 물론 이건 비정상적 열정이다. 무엇보다 연애라는 것이 이렇듯 지고한 가치로 떠오른 것이 역사상 처음이라는 점에서 그렇다. 근대 이전에는 연애라는 감정이 결코 '절대적'이지 않았다. 「운영전」이나 「심생전」의 여주인공들처럼 사랑 때문에 목숨을 거는 경우가 더러 있긴 했지만, 그건 일부에 지나지 않는다. 성담론이 흘러 넘치는 18세기에도 '연애에 살고 연애에 죽으며' 연애만이 삶의 숭고한 가치라고 간주하지는 않았다. 그건 사회가 미개해서도 아니고, 도덕적 규제가 심해서도 아니었다. 단적으로 말해, 남녀간의 사랑보다 더 가슴을 뜨겁게 하는 관계들이 많았기 때문이다. 『삼국지』나 영웅소설, 혹은 무협지를 보면 알겠지만, 근대 이전에는 충이나 효, 우정과 의리 같은 가치들이 '백가쟁명'百家爭鳴했고, 그것들이 야기하는 열정이 결코 성애보다 못하지 않았다. 뒤에 다시 거론될 테지만, 드라마 <대장금>에 나오는 인물들 간의 관계가 바로 그렇다. 몸과 마음을 사사로이 섞지 않으면서도 충분히 삶을 고양시킬 수 있었던 것이다. 그런 것들에 비하면 남녀관계는 실로 단순했다. 서로 눈이 맞으면 즉시 육체관계에 돌입하는 결연방식으로 인해 그것을 추상화하여 과도하게 의미 부여를 할 여지가 별로 없었던 셈이다.

따라서 연애만이 삶을 떠받치는 지고한 가치가 되었다는 건 연애 이외의 다른 관계들은 다 별 볼 일 없어졌다는 걸 의미한다. 존재를 걸고 욕망을 투여할 만한 다양한 루트들이 막혀 버린 것이다. 그러니 모든 욕망이 연애라는 단 하나의 '홈'으로 몰려들 수밖에. 지금까지도 그렇지 않은가. 시나 소설은 물론 전 국민의 '연애학개론서'라 할 만한 드라마를 보면, 온통 사랑 말고는 낙이 없는 인물들만 등장한다. 심지어 멜로가 아닐 경우에도, 모든 이들의 촉수는 연애를 향해 뻗쳐 있다.

봉구의 연애가 비정상적인 또 하나의 이유는 일방적이라는 사실이다. 순영이라는 존재가 그것을 감당할 만한지 어떤지에 대해서는 전혀 무관심하다. 사랑이 시작되는 순간, 그것은 성스럽고 고귀하고 숭고해야 한다. 유럽 중세의 '기사도적 사랑'이 연상되는 지점이다. 중세의 기사들 역시 귀부인이나 공주를 하나 찍어 놓고는 거의 맹목적 사랑을 바친다. 영원히 다가갈 수 없는 대상을 설정한 뒤, 합일의 무한한 지연 속에서 오히려 사랑의 완성을 추구했던 것. 『돈키호테』를 보면, 이런 식의 사랑이 대상의 속성과는 아무런 상관이 없는 얼마나 자기도취에 해당하는지가 적나라하게 나타나 있다.

그와 마찬가지로, 봉구의 연애 역시 쌍방향적 관계가 아니라, 완전 '일방적'으로 진행된다. 대상을 만나기도 전에 이미 존재를 걸고 사랑할 준비가 되어 있는, 참으로 기이한 열정! 진정, 봉구는 순영이라는 한 여인을 사랑한 것일까? 혹시 그게 아니라 단지 자신이 설정한 사랑의 이념을 실현하기 위해 순영이라는 우상이 필요했던 건 아닐까? 돈키호테의 '눈먼 열정'이 그러했듯이.

새로운 이분법— 순정과 애욕

연애가 신화 혹은 신흥종교로 부상되었다 해도 모두가 봉구처럼 순수한 열정의 화신이 되는 건 아니다. 그게 어디 아무나 도달할 수 있는 경지인가? 하기야, 아무나 도달할 수 있다면 그건 신화도, 종교도 될 수 없으리라. 아이러니하게도 연애의 신화가 가능하려면, 온갖 저속한 연애들이 백그라운드가 되어 주어야 한다. 무엇보다 봉구의 열렬한 숭배대상인 순영만 해도 그렇다.

그녀는 천박한 풍조와 봉구의 거룩한 사랑 사이에서 동요하는 캐릭터다. 우선 그녀는 자신을 유혹하는 다방골 부자 백윤희의 화려한 저택과 침대, 피아노, 자동차에 매혹된다. 그것은 '욕망의 오색불길'이 타오를 만큼 강렬하다. 화폐에서 욕정을 느끼는 근대인의 모습을 여실히 보여 준 것. 자본주의하에서 '화폐―성욕―죽음', 이 세 가지 충동은 언제나 함께 간다. 일단 여기선 화폐충동과 성적 충동이 오버랩되었다. 순영은 백윤희의 부에 매혹되는 한편, 동시에 그의 "짐승 같은 육욕"에 이끌린다. 앞서 「혈의 누」의 주인공 구완서의 '썰'에서도 그랬지만, 어째서 성욕은 꼭 짐승에 비유되는지 참, 알다가도 모를 일이다. 사실 짐승들은 발정기 이외에는 그다지 성욕에 끄달리지 않는다. 그 발정기라는 것도 1년에 며칠 안 된다. 동물에 따선 3

일 정도에 불과한 경우도 많다. 1년 내내 성에 집착하는 건 솔직히 인간밖에 없다. 말하자면, 성욕이야말로 가장 인간적인 징표인 셈이다. 그런데도 늘 그것을 짐승에 비유하는 건 저급한 것들은 모조리 짐승의 속성으로 돌려 버리는, 일종의 '자연의 타자화'에 해당한다. 다른 한편, 성욕을 그렇게 저급하게 보는 이면에 기독교적 죄의식이 자리하고 있음은 말할 나위도 없다. 아무튼 "온천에서 처음 백이 접근했을 때, 순영은 처음엔 저항했지만, 알 수 없는 힘에 이끌려 마침내 몸을 허락한다." 이후에도 순영이 백윤희를 거부하지 못하는 건 그의 지칠 줄 모르는 정력 때문이다.

한편에는 부와 강렬한 섹스가 있고, 다른 한편에는 봉구의 지순한 순애보가 있다. 이 둘 사이엔 교량이 없다. 눈치 빠른 독자라면, 이 대목에서 신채호가 「꿈하늘」에서 제기한 이분법을 떠올릴 것이다. 나라를 사랑하는 것과 미인을 사랑하는 것 둘 가운데 하나만을 선택하라고 했던. 애욕과 순정의 이분법은 그 도식의 1920년대식 변주다. 애욕은 순수하지 못하고, 순정은 성욕이 없다. 이런 황당한 논법이 어디 있나. 그럼 육욕을 느끼면 이미 순수한 사랑이 아니란 말인가? 아니, 욕정을 느끼지 않고 도대체 사랑이 어떻게 가능하단 말인가? 하지만 이 이분법에는 이런 식의 질문이 허용되지 않는다.

이런 도식이 가능했던 건 무엇보다 '연애열'이 자라난 토양이 신과 민족이기 때문이다. 연애는 거룩해야 한다. 신과 민족에 대한 숭배를 대체한 것이므로. 숭고하고 순결하기 위해선 욕정이 틈입해서는 안 된다. 봉구가 순영에게 '몸과 마음과 영혼'을 다 바치겠다고 할 때 '몸'은 죽음도 불사한다는 의미이지 욕정을 불태우겠다는 뜻이 결코 아니다. 고로, 순정과 애욕 사이에는 조금도 타협의 여지가 없다. 사랑하면 할수록 더한층 탈성화되어야 한다. 거꾸로 탈성화되면 될수록 그 사랑은 순수해진다. 이것이 연애를 지고의 가치로 끌어올릴 수 있었던 '근본강령'이다.

주지하듯, 여기에는 영혼과 육체의 이분법이 견고하게 똬리를 틀고 있다. '영혼은 순결하나, 육체는 불순하다. 인간이 신과 닮은 것은 오직 영혼이 있기 때문이다. 육체는 죄악의 덩어리다. 영혼을 정화하기 위해선 육체를 가능한 한 배제해야만 한다. 인간이 인간다운 건 오직 영혼이 있기 때문이다.' 인간중심주의가 유포한 이런 표상들이 연애를 통해 더한층 견고해진 것이다. 아니, 어떤 점에선 가장 첨예하게 그 정체를 드러냈다고도 할 수 있겠다. 결국, 육체가 지닌바 우발적이고 불온한(?) 힘들을 제어하려 한다는 점에서 애국이나 신앙이나 연애는 동일한 배치를 이룬다. 순영의 비극은 이 '근본강령'을 어겼다는 데서부터 출발한다.

백은 '옜다, 금강석 반지를 받아라, 자동차를 받아라, 음란한 육욕의 만족을 받아라!' 하고 거만하게 점잖게 자기를 부르고 그와 반대로 봉구는 '내 몸을 받으소서. 내 맘을 받으소서' 하고 자기의 발 밑에 꿇어 앉았다. 순영은 그 사이에 서서 이 팔을 내밀까 저 팔을 내밀까 하고 망설인다. 순영은 둘을 다 가지고 싶었다. 백에게 좋은 것이 있었고 봉구에게도 좋은 것이 있었다. 백의 음탕한 것과 돈과 봉구의 깨끗하고 어린 것과 뜨거운 사랑과 이것을 다 아울러 가지고 싶었다.

백과 봉구의 구애를 동시에 받을 수 있었던 건 처음엔 행운이었지만, 나중엔 저주가 되었다. 둘을 다 가진다는 건 답이 아니다. 아니, 그 이전에 둘 사이에서 방황하는 것조차 용납되지 않는다. 돈과 음란한 육욕을 포기하지 않는 것만으로도 그녀의 몸과 마음은 충분히 '더럽다'. 따라서 그에 상응하는 벌을 받아야 한다. 연애의 순정을 더럽히는 자, '공공의 적'이다. 그러므로 신의 저주를 받으리라!

(다음 장에서 계속)

3장

연애(멜로)의 정석—죽거나 권태롭거나!

1. '순결', 새로운 교리

'덴동어미'를 아시나요?

조선시대 농촌에선 1년에 한 번씩 '화전놀이'를 즐기는 풍습이 있었다. 춘삼월 만화방창萬化方暢: 따뜻한 봄날 온갖 생물이 나서 자라 흐드러짐한 때, 동리 여인네들이 한껏 차려입고 갖은 음식을 싸들고는 동네에서 가장 경치 좋은 곳으로 소풍을 간다. 화전을 부쳐 먹으며 흐드러지게 한바탕 놀아 보는데, 그 와중에 한 청춘과부가 신세타령을 늘어놓는다. 이때 덴동어미라는 한 여인이 '썩 나서며' 자기 인생역정을 한번 들어 보라고 한다. 「덴동어미화전가」는 이렇게 시작된다. 이 가사는 조선후기 서민가사의 대표작으로 소설에 맞먹을 만큼 장편이다. 문학사에선 '가사의 소설화 경향'을 보여 준다는 의미를 부여하기도 한다. 옹녀의 행로가 충격적인 것만큼 이 여인의 인생편력도 '쇼킹'하다. 한번 들어 보시라.

덴동어미는 본디 순흥 읍내 임이방(중인층)의 딸이다. 당시 혼인적령기(!)인 열여섯에 신분이 같은 장이방의 집으로 시집을 갔다. 그이듬해 신랑이 단옷날 처가에 와서 추천鞦韆을 뛰다 그넷줄이 떨어지며 "공중지기 메박으니 그만에 박살이라 이런 일이 또 있는가". 열일곱에 과부가 되었다. 친정으로 돌아와 "밤낮으로 통곡하니 / 양 곳 부모 의논하고 상주읍에 중매"하여 이승발의 후취로 들어갔다. 꽤나 유족한 집안이었건만, 3년이 못 되어 과중한 조세수탈로 집안이 풍비박산이 난다. 근근히 두 내외가 목숨을 부지하였으나 살 길이 막막하여 전전걸식하다 경주 읍내에 당도하여 한 맘씨 좋은 군노집안에 들어가 부엌어미와 중노미로 새출발을 했다. 3년 동안 착실히 만여금을 모아 고향으로 돌아가려는 즈음, 세상에! "병술년 괴질 닥쳤구나 안팎소실 삼십여 명이 / 함박 모두 병이 들어 사흘 만에 깨나 보니 / 삼십 명 소실 다 죽고서 주인 하나 나 하나뿐이라 / 수천 호가 다 죽고서 살아난 이 몇 없다네 / 이 세상 천지간에 이런 일이 또 있는가." 울며불며 그렁저렁 장례를 치르고는 죽으려고 애를 써도 "생한 목숨 못 죽을네."

또 다시 빌어먹기를 시작. 그 와중에 울산 읍내 황도령을 만났다. 이 남자의 팔자도 덴동어미 못지않다. 6대 독자 귀한 자식으로 태어났건만, 장삿길로 서울 가다가 풍파를 만나 파선하고 물결에 밀려 제주도까지 떠내려 갔다 겨우 고향이라고 돌아오니 "손에 돈 두 냥이 남았구나 / 사기점에 찾아가서 두 냥어치 사기 지고 / 촌촌가가 도부 到付: 장사치가 물건을 가지고 돌아다니며 팖하며 밥을랑은 빌어먹고 / 삼사 삭을 하고 나니 돈 열닷 냥은 되었고만 / 삼십 넘은 노총각이 장가 밑천 가망없네 / 애고 답답 내 팔자야 언제 벌어 장가갈까" 이러던 차에 덴동어미를 만난 것이다. 그리하여 "삼십 넘은 노총각과 삼십 넘은 홀과부"가 같이 살기로 작정을 한다.

둘은 남촌북촌을 다니며 부지런히 도부를 해서 생계를 유지하는데, "돈 백이나 될 만하면 둘 중에 하나 병이 난다." 한마디로 돈이 모일 팔자가 아니었던 것. 어찌나 열심히 일을 했던지 "도부장사 한 십년 하니 장바구니에 털이 없고 / 모가지가 자라목 되고 발가락이 무지러졌"다. 그러던 어느 날, 도부를 나갔다 갑자기 폭우를 만나 황도령이 그만 동해물에 떠내려가 버렸다. "남해바다에서 구사일생 살아 돌아왔는데, 끝내 동해바다에 빠져 죽었구나."

허허, 이런 기막힌 팔자가 있나. 첫 남편은 그네 뛰다 죽고, 두번째 남편은 괴질이 닥쳐 죽고, 세번째 남편은 물에 떠내려 갔다. 이 정도면 상부살이 끼었다고 욕을 먹을 만도 하건만, 웬일인지 덴동어미한테는 그런 꼬리표가 붙지 않는다. 왜 그럴까? 미모가 달려서? 섹시하지가 않아서?

아무튼 그렇기는커녕, 주막집 주인댁이 팔자 한 번 더 고치라며 뒷집 조서방을 소개해 준다. 조서방은 장터를 다니며 '호두약엿 잣박산 참깨박산' 따위를 팔러 다니는 엿장사로, 마침 지난달에 상처를 했다. 조서방과 다시 살림을 차려 3년 행복하게 살다가 마침내(!) 아들 하나를 얻었다. 오십 줄에 첫아이를 보니 "어리장 고리장 사랑하"느라 시간가는 줄 모른다. 여기까지라면 그럭저럭 해피엔딩이 될 터인데, 허 참, 이게 끝이 아니다. 별신굿에 쓸 엿을 고던 중, 한밤중에 바람이 일면서 큰불이 나 버렸다. 지난번엔 물이더니, 이번엔 불이다! 불더미 속에서 인사불성으로 아들을 안고 나와 보니 영감은 그 불더미 속에서 "온몸이 콩껍질이 되었"지 뭔가. 그 와중에 아이도 불에 데어 "한쪽 손은 오그라져 조막손이 되어 있고 / 한짝 다리 뻐드러져서 장채다리 되"고 말았다. 그때부터 애이름이 '덴동이'가 된 것이다. 이렇게 혼인을 네 번이나 하는 사이에 이 여인의 나이는 어언 육십 줄에 접어들었다. 그 나이에 팔자를 또 고치기는 틀렸고, 해서 덴동이를 들쳐업고 무작정 고향을 찾아왔다가 화전놀이에 끼어들게 된 것이다.

떠도는 기호들

「덴동어미화전가」를 들으면, 다들 놀란다. 먼저, 조선시대 여인들이 저렇게 개가를 '자유롭게'(?) 했단 말인가? 라며. 옹녀는 끼가 넘치는 '팜므 파탈'이라 그렇다 치더라도, 덴동어미는 요부의 이미지가 전혀 없건만, 남편을 무려 네 명이나 '잡아먹는다'. 그러고도 별로 청승을 떨지도 않고, 주위에서도 '상부살이 꼈다'는 주홍글씨를 붙이지도 않는다.

　　이런 상황이 당혹스럽게 느껴진다면, 그건 어디까지나 조선시대 성담론에 대한 고정관념에서 비롯한다. 특히 수절이나 정절에 대한 표상에 사로잡혀 있기 때문이다. 무심하게 작품을 음미해 보면, 덴동어미의 '남성편력'은 지극히 자연스럽다. 그녀를 움직이는 건 윤리나 이념이 아니라, 일상, 곧 생계의 논리다. 추락, 괴질, 물난리, 불——덴동어미만이 아니라, 당시 서민들은 항상적으로 이 같은 불가항력적인 재난에 노출되어 있었다. 이런 재난에 맞서 '먹고 살려면' 계속 개가를 할 수밖에 없다. 노동을 하건 장사를 하건 부부가 힘을 합쳐야 겨우 생계를 꾸려갈 수 있기 때문이다. 물론 그 기저에 성욕의 문제가 있기는 하다. 하지만 이 경우 그건 특별히 거론할 필요가 없는 것이, 서민들에게 있어 생계란 곧 '식食과 색色'을 의미하기 때문이다. 옹녀가 색을 전면에 내세웠다면, 덴동어미에겐 식이 더 중요한 요소로 부각되었을 뿐이다. 뒤집어 생각하면, 옹녀 역시 덴동어미처럼 팔자가 사나웠을 뿐인데, 그게 마치 그녀가 타고난 '상부살' 때문인 것처럼 낙인이 찍혔으니, 덴동어미보다 더 억울하다면 억울할 일이다.

앞에서 연암의 입을 빌려 이야기했듯이, 수절은 양반층 여성들에게만 요구된 윤리였다. 뿐만 아니라, 양반가문이라 해서 다 철저하게 그 윤리를 지킨 것도 아니다. '보쌈'이라는 풍속도 있었거니와, 그게 아니더라도, 적절한 절차를 거쳐 얼마든지 팔자를 고칠 수 있었다. 조선후기 야담집에는 다양한 방식의 개가담이 심심찮게 등장한다. 심지어 「호질」을 보면, 열녀문까지 세워 줄 정도로 정조로 이름이 높은 동리자는 아들 다섯이 다 '각성바지'다. 무려 다섯 명의 남자와 '내연의 관계'를 맺었다는 뜻. 그러면서도 학문적 명성이 자자한 북곽선생과 또 놀아난다. 풍자가 심하긴 했지만, 풍자의 뿌리는 어디까지나 현실이라는 걸 잊지 말자. 하물며 명망 높은 가문에서도 이럴진대, 나머지 계층이야 말할 나위도 없다. 물론 「열녀 함양 박씨전」이나 「산유화가」의 주인공들처럼, 중인이나 서민층에서도 죽음으로 정절을 지킨 여인들도 있긴 하다. 하지만, '정절의 윤리'를 자신의 삶의 토대로 수락한 경우는 극소수였다. 그럼에도 근대는 중세의 이런 '불균질성'을 용인하지 않는다. 즉, 조선시대를 다룰 때면 언제나 정절이 그 시대 여성의 절대적 규범이었던 것처럼 간주해 버리는 것이다. 그 이면에 여인의 정절에 대한 근대적 욕망이 작동하고 있음은 말할 나위도 없다.

1980년대까지만 해도 「춘향전」을 영화로 만드는 전통이 있었다. 최은희, 김지미, 문희, 장미희 등 그 시대 최고의 여배우가 '미스 춘향'으로 뽑혀 「춘향전」을 영상으로 변주해 내곤 했다. 그런데 언제나 춘향은 요조숙녀에다 절개의 화신으로 그려졌다. 나 역시 고전문학을 전공하지 않았다면, 춘향에 대해 그렇게만 기억하고 말았을 것이다. 판소리에 나오는 춘향, 특히 완판본 「춘향가」에 나오는 춘향은 절대 요조숙녀가 아니다. 요즘으로 치면, '작업'에 능수능란한 프로다. 그네 뛰면서 처음 보는 남정네와 눈이 맞은 것도 그렇고, 눈을 맞춘 그 날로 바로 합방을 하는데, 어찌나 테크닉이 뛰어난지 눈이 휘둥그레질 정도다. 한마디로 춘향은 남자를 한방에 휘어잡는 도발적 여성형이었던 것. 이몽룡이 한양으로 떠나고 난 뒤, 주변에 집적거리는 군노며 포졸들을 다루는 솜씨도 장난이 아니다. 바로 이 도발적 역동성이야말로 이몽룡에 대한 사랑을 끝까지 지키게 해준 원동력이 아닐까. 만약 춘향이 통상적인 '요조숙녀'였다면? 모르긴 해도, 이몽룡과의 '번개 같은' 사랑도 쉽지 않았을 테고, 또 사랑의 약속을 끝까지 지키기도 불가능했을 것이다.

그런데 대체 20세기의 '춘향이들'은 하나같이 왜 그렇게 청순가련형으로 그려지는 것일까? 답은 간단하다. 순정과 애욕의 이분법, 즉 성적으로 밝히는 여자들은 절대 정조를 지킬 수 없다는 전제에 붙들려 있기 때문이다. 즉, 20세기 춘향이들은 판소리가 아니라, 근대 계몽기 이해조가 개작한 「옥중화」의 변주였던 셈이다.

또 하나의 예가 황진이다. 황진이만큼 한국인의 사랑을 받는 인물도 드물다. 그런데 이 여인에 대한 이미지 또한 춘향이 못잖다. 근대계몽기에는 논개, 계월향과 더불어 애국지사인 양 묘사되었고, 이후에 나온 영화나 드라마, 소설 등에선 하나같이 절세가인에 신비로운 여인상으로 덧칠되어 있다. 참, 황진이가 웃을 일이다. 황진이는 그야말로 '터프한' 여인이다. 청순가련함과는 거리가 먼, '중성적' 매력을 내뿜는 인물에 가깝다. 그 시절에 계약결혼을 한 것도 그렇고, 당대 최고의 철학자 서경덕과 맞짱을 뜬 것 하며, 바람처럼 팔도유람을 한 것이며, 참으로 그 삶과 행보에 거리낌이 없었다. 한번은 유람 중에 잔치에 초대받은 적이 있었다. 황진이는 누더기 옷에 헝클어진 머리로 나타나선 태연하게 이를 잡았다고 한다. 한마디로 그녀는 미모로 승부하지 않았다! 미모가 아니라, 삶 자체가 어디에도 걸림이 없었기에 뭇 남성들을 사로잡았을 수 있었던 것이다. 그러나, 소설이건 영상이건 근대적 코드와 마주치는 순간, 황진이의 이런 생동하는 캐릭터는 홀연 사라져 버린다.

춘향이와 황진이라는 기호가 한편으론 탈성화되면서 동시에 신비롭게 덧칠되었다면, 옹녀나 덴동어미의 기호는 아예 접속 자체가 이루어지지 않았다. 옹녀도 그렇지만, 근대적 코드에서 '덴동어미'가 차지하는 자리는 전혀 없다. 그도 그럴 것이, 상부살이 잔뜩 낀 데다 욕망과 일상의 누추하고 구질구질한 모습을 적나라하게 드러내는 여성들, 그녀들의 욕망을 배려할 만한 공간은 애초부터 없었던 것. 하여, 중세에도, 근대에도 그녀는 여전히 '길 위에서' 떠돌고 있다.

순결의 성정치학

더 중요한 건 순결과 정절은 전혀 다른 층위의 개념이라는 것이다. 먼저, 순결은 오로지 두 남녀 사이의 연애를 전제로 한 것이라면, 정절은 두 남녀 사이를 넘어 대사회적 차원의 윤리에 해당된다. 전자가 '처녀성'이라는 아주 협소한 영역에 한정된다면, 후자는 그 포괄하는 범위가 훨씬 넓다. 얼굴 한 번 보지 못한 이라 해도 일단 약속을 했으면, 평생을 지켜야 한다, 혹은 사랑하지 않는 사람이라도 한번 인연을 맺었으면 끝까지 거기에 충실해야 한다——정절은 이런 식의 윤리에 가까운 개념이다. 즉, 연애감정이나 성욕의 차원으로 환원되지 않는다. 그보다는 신의나 약속의 윤리에 가깝다. 만약 이것을 가문의 명예 때문에 억지로 지켜야 할 경우라면, 이건 분명 잔혹한 여성억압의 대표적 사례가 된다. 하지만, 만약 이 윤리를 자율적으로 수락할 경우, 그것은 충이나 효, 우정과 의리 등 여타의 덕목과 같은 계열을 이룬다.

연암이 안의현감을 지낼 때의 일이다. 한 여인이 남편의 삼년상을 마친 다음 독약을 먹고 죽은 일이 있었다. 사연을 알아본즉, 여인의 집안은 아전, 곧 중인층이었다. 나이 열아홉에 함양의 아전 집안으로 시집을 갔는데, 남편이 몸이 허약해서 혼례를 치른 지 반 년도 못 되어 죽고 말았다. 그러자 시부모를 정성껏 모시며 3년상을 치른 다음 스스로 목숨을 끊은 것이다. 「열녀 함양 박씨전」에 나오는 이야기다. 아무도 이 여인에게 정절을 위해 목숨을 바치라고 하지 않았다. 더구나 혼례를 치르기 두어 달 전, 신랑될 사람이 병이 골수에 사무쳐 사람 노릇할 가망이 전혀 없음을 알게 되었다. 가족이나 친지들은 당연히 약혼을 물리기를 원했다. 그러자 "처녀는 정색을 하고, '저번에 지어 놓은 옷이 뉘 몸에 맞추어 지은 것이며 뉘 옷이라고 말하던 것입니까?' 하면서 애초에 정한 대로 할 것을 소원"했다는 것이다. 자, 이 여인은 과연 무엇을 위해 순절한 것인가? 남편을 사랑하여? 얼굴도 보지도 못하고, 제대로 부부관계를 맺지도 못했는데, 웬 사랑? 그렇다고 가족들이 권유하지도 않았다. 아니, 오히려 혼처를 무르고 다른 데로 바꾸려고 했다. 그것도 아니면, 그럼 사회적 시선 때문에? 아전 집안 출신 여성에게 그건 좀 지나친 명예욕이다. 그렇다면, 이 여인으로 하여금 그토록 단호하게 죽음을 선택하도록 이끈 '윤리적 욕망'은 대체 뭐란 말인가?

이처럼, 정절을 둘러싼 윤리적 배치는 우리가 상상하는 것 이상으로 중층적이다. 그러므로 이것을 순결이라는 근대적 가치와 직접적으로 대응시키는 건 실로 부적절하다.

일단 순결은 근대적 욕망의 배치가 낳은, 철저히 근대적 산물이다. 앞장에서 살펴보았듯이, 근대적 사랑은 오직 영혼의 순수성으로만 승부한다. 그러기 위해선 가능한 한 '육체성의 흔적'은 지워 버려야 한다. 순결이라는 '강령'은 이런 맥락에서 등장했다. 그리고 정절과는 달리, 여기에는 선택의 여지가 없다. 전 구성원을 국민으로 호명해야 하는 근대권력의 속성상 순결은 모든 구성원들의 윤리적 명제로 부과되어야 한다. 정상적인 국민인 한, 누구나 순결의 이념을 수락해야 한다. 결국, 이것은 연애의 열정과 성적 욕망을 결혼으로 흡수하기 위한 성정치학의 일환이다. 인종론적·인구론적 관점에서 볼 때, 함부로 성관계를 맺어서는 안 된다. 그렇다고 그걸 일일이 검사하기란 난망하다. 각자 알아서 '자기 검열'을 해주면 가장 좋으리라. 특히 임신의 키를 쥐고 있는 여성들이. 모든 여성들이 처녀성이라는 테제를 자율적으로 수락하게 하려면, 거기에 엄청난 의미 부여를 해주면 된다. 순결이 곧 진정한 사랑을 보증한다는 식으로. 물론 과대망상이다!

이 대목에서 2장에서 짚었던 『독립신문』의 '자유연애론'을 환기해 보자. 두 남녀 사이의 자유롭고 평등한 관계를 강조하면서도 결코 성에 대해서는 언급하지 않았던 것, 진지하고 이성적인 탐색만이 결혼의 조건이라고 했던 것을 기억하는가? 실제로 그때는 그런 식으로 연애를 했다. 구완서와 옥련이를 비롯하여 대부분의 신소설에 나오는 커플들은 진지하고 '이성적'인 연애를 했다. 이성적인 연애? 형용모순! 하지만, 욕망은 시대적 배치에 따라 달라지는 법. 그 시대는 그런 식으로 욕망이 구조화되었던 것이다. 그렇게 '진도가 더딘' 시대야 순결의 강령을 강조할 이유가 별로 없다.

하지만 3·1운동 이후 사정이 달라졌다. 욕망의 흐름이 온통 연애를 중심으로 구성되었고, 그 연애는 일체의 탐색전 없이 한방에 눈이 뒤집히는 그런 열정이었다. 심지어 보기도 전에, 편지 한 장만으로도 살 떨리는 격정의 회오리에 몸을 던지는 경우마저 드물지 않았다. 만약 욕망이 가는 대로 허여한다면? 아마 수많은 옹녀와 강쇠들이 탄생되었으리라. 이건 절대 있을 수 없는 일! 인구론적·인종론적 관점에서 볼 때, 그런 짓은 일종의 '반국가적 행위'에 해당된다. 농담이 아니다. 음녀들을 매국노와 마찬가지로 응징했던 점을 상기해 보라. 따라서 이 '격정시대'에도 육체의 요구는 철저히 배제되어야 한다. 아니, 이런 때일수록 더더욱 애욕은 자제되어야 한다. 하지만 사랑에 눈먼 청춘남녀들이 어떻게 욕망을 자제한단 말인가? 그 이전에, 그렇게 욕망을 제어할 수 있다면 그게 무슨 사랑이란 말인가? 사실 새삼스러울 건 없다. 진화론과 창조론도 아무 두려움 없이 손을 잡는 마당에, 이 정도야 뭐. 근대적 이성의 대지에는 무수한 '비이성'의 기암괴석들이 깔려 있다. 평화로운 비무장지대가 실제론 지뢰밭인 것과 마찬가지로.

『재생』의 그 다음 스토리를 따라가 보자. 백윤희에게 처녀성을 잃고 난 뒤, 순영은 갑자기 자신의 몸이 한없이 더러워지고 천해진 것 같은 느낌을 받는다. 그리고 이런 참회의 기도를 올린다.

"하나님, 제 죄를 용서하여 주시옵소서. 저를 버리시지 마시고 당신의 뜻대로 써 주시옵소서" 하고 그 추운 겨울밤에 학교 뒤 바위 밑 눈 위에 꿇어 엎드려서 울고 회개하는 기도를 올리고 자기도 이제부터는 결코 짐승과 같은 남자를 접대하지 아니하고 P부인과 같이 일생을 교회 일과 교육에 바치리라고 결심을 하였다.

순영이 이렇게 죄의식을 느끼는 이유는 간단하다. 결혼을 하지 않은 채 몸을 섞었다는 사실 때문이다. 순영에게 있어 혼전 성관계란 교회와 민족에 대한 배신이나 마찬가지다. 순결을 잃었다고 울부짖는 것도 그렇지만, '느닷없이 일생을 교회 일과 교육에 바치겠다고 결심'하는 건 오버도 한참 오버다. '연애와 민족과 신'——이 못말리는 트리아드! 일단 이 매트릭스 안에 진입하게 되면 순결은 그 자체로 목적이 된다. 일종의 근본주의 종교의 교리처럼.

노 터치!—일부일처제의 강령

순결의 윤리가 특히 여성에게 편향적으로 부과되는 건 두 가지 이유 때문이다. 일차적으로는 여성이 임신과 출산의 키를 쥐고 있기 때문이고, 같은 맥락이지만 남성의 순결은 경계가 모호하기 때문에 어차피 순결을 지키기란 불가능하다. 따라서 자연히 그것은 여성의 처녀성이라는 표징에 집중될 수밖에 없다. 요즘이야 처녀성이라는 것이 우습게 되어 버렸지만, 적어도 20세기 백 년간은 이것이 실로 중요한 성적 키워드였다. 처녀성을 잃어서 일생을 망치는 여자도 수두룩했고, 첫날밤 처녀임을 증명하지 못해 소박을 맞는 경우도 허다했다. 처녀성에 순백의 이미지가 가해지면 질수록 그것을 잃었을 때의 상실감은 치명적이었다.

그런데 '자유연애'라는 배치상 이것이 꼭 여성만을 옥죄는 굴레라 하기는 어렵다. 남성에게도 이것은 엄청난 구속이다. 극단적 이분법이 작동하는 곳에선 가해자와 피해자 모두 억압되는 법, 여성은 지키건 안 지키건 일차적으로 희생을 감내해야 한다면, 남성 역시 처녀 성이라는 망상을 짝짓기의 척도로 삼아야 한다는 점에서 역시 대가를 치러야 한다. 사랑의 이념, 순결의 강령을 지고한 가치로 수락한 경우에는 더더욱이나.

봉구는 순영이와 기차여행을 떠난다. 둘이 침대칸에 함께 머무르게 되었을 때의 장면.

아직도 땀에 젖은 내복 단추를 두어 개쯤 끄르다가 그는 마지막 단추에 손을 댄 채 무엇에 놀란 듯이 고개를 번쩍 들었다.

"이게 잘못이 아닌가? 내가 아직 혼인도 안 한 여자와 같이 한방에서 자는 것이 잘못이 아닌가?"

이렇게 생각하며 무슨 큰 위엄을 가진 것이 어느 높은 곳에서 자기를 내려다보며 책망하는 듯하였다.

"처음이다. 처음이다. 어머니 곁에서 자던 것 외에 여자와 한방에서 자기는 첨이다."

봉구는 갑자기 무슨 큰일이나 저지르는 듯이 무서웠다. 그래서 자리옷을 든 채로 침대에 털썩 주저앉았다.

"그러나 순영은 내가 사랑하는 여자가 아닌가, 내가 일생을 같이하기로 맹세한 여자가 아닌가, 순영은 내 아내가 아닌가, 그렇다. 그는 내 아내다."

이렇게 자기를 변호하고, 또 자기에게 용기를 주었다. 그리고 벌떡 일어나 등과 가슴을 씻고 풀향기가 나는 간소한 자리옷을 떨쳤다.

"아내? 순영이가 내 아내? 그러나 아직 내 아내는 아니다. 남들도 순영을 내 아내라고 불러 주지를 않고, 내 생각에도 어쨌든 그가 내 아내는 아닌 것 같다. 나는 옷을 입을 대로 갖춰 입고 단추 하나도 떼놓지 않고 손까지라도 감추고 그를 대하여야만 될 것 같다."

봉구는 다시 어쩔 줄을 몰랐다. …… 이렇게 생각하고 봉구는 급작스럽게 옷을 갈아입었다. 그러나 그의 얼굴은 후끈거리고 그의 가슴은 떨렸다. 그는 무슨 죄나 지은 사람 모양으로 얼른 담요를 들고 자리 속으로 들어가서 벽으로 얼굴을 향하고 돌아누웠다.

"잘못했다. 도로 옷을 입자. 내복만이라도 입자. 무엇 괜찮지."

……

"혼인을 해버려야 한다" 하고 봉구는 순영을 영원히 자기 것으로 만들 방침을 생각한다.

"혼인을 하여서 순영을 영원히 내 안방에 갖다가 가두어 놓아야 한다."

이 장면에는 순결을 둘러싼 성정치학적 배치가 아주 잘 드러나 있다. 사랑하는 여자 앞에서 성욕을 느끼는 건 지극히 자연스럽다. 그런데 그 순간 봉구는 죄의식을 느낀다. 성욕은 곧 죄라는 자체 검열 시스템이 작동한 것이다.

그리고 그가 갈등을 느끼는 이유는 성욕 자체에 있다기보다 순영이가 '아내인가 아닌가'라는 데 있다. 즉 혼전의 성관계 혹은 그에 대한 욕망은 그 자체로 문제적인 것이다. 따라서 혼인을 하기 전에는 성적 교섭은커녕 내복의 단추 하나도 풀어서는 안 된다. 노 터치[No] Touch! 이 정도면 가히 '순결 근본주의'라고 해도 좋을 듯. 그러면 대체 왜 이렇게까지 지독하게 금욕을 감내하는가? 일제 형사한테 당하는 고문보다 더 심한 금욕을?

소설적 설정에 불과하다고? 그렇지 않다. 실존인물이자 개화파 지식인이었던 윤치호의 경우에는 이보다 더 심하다. 자유분방한 봉건적 남성주체였던 윤치호는 기독교의 영향을 받으면서부터 매춘부들과의 성관계를 갖지 않겠다고 결심하는 한편, "일체의 꺼림직한 자위행위"까지 엄금한다. 영어로 일기를 쓰기 시작한 후부터는 심지어 몽정에 대해서조차 죄의식을 느끼기 시작한다. 윤영실, 「'미국'과 식민지 근대 주체 형성의 한 경로」, 『우리 학문 속의 미국』, 한울, 2003, 113쪽 문명화되면 될수록, 금욕의 단계가 한층 심화되고 있는 것이다. 자위나 몽정도 용납하지 못하는데 혼전순결이야 더 말해 무엇하겠는가.

그리고 이런 금욕의 기저에는 '심오한'(?) 정치경제학적 원리가 있다. 일부일처제와 사적 소유의 신성함이라는 원리가. 상식적인 이야기지만, 일부일처제는 근대문명과 함께 도래한 혼인제도다. 근대 이전에는 어떤 문명권에서도 일부일처제는 없었다고 한다. 지금도 근대와 무관하게 살고 있는 종족들은 일부일처제를 취하지 않는다. 생물학적으로 본다면, 일부다처제가 훨씬 일반적이라는 것이다. 더 충격적인 건 일부다처제하의 여성들은 또 여러 가지 수단으로 샛서방을 둔다고 한다. 원앙이나 잉꼬 등 지금까지 일부일처의 화신으로 여겨졌던 종들 역시 실제로는 수많은 불륜과 오입의 테크닉을 발휘한다는 것이다. 그래서 일찍이 인류학자 미드Margaret Mead는 '일부일처제가 인간의 모든 혼인제도 중 가장 어려운 것'이라고 주장한 바 있다. 데이비드 P. 버래쉬·주디스 이브 립턴, 『일부일처제의 신화』, 이한음 옮김, 해냄, 2002 그만큼 부자연스럽고 힘겨운 제도라는 사실이다. 실제로, 문명화되면 될수록 일부일처제의 신화 및 스위트 홈의 환상이 붕괴되어 간다는 사실을 주목할 필요가 있다.

약간 옆으로 새는 이야기지만, 인류학적으로 볼 때, 일부일처제보다 일부다처제가 더 자연스럽다고 하면, 여성들이 발끈(!) 성을 낸다. 처첩제도의 모순과 갈등이 떠오르기 때문일 것이다. 한데, 사실 그게 오해라는 거다. 생물학자들의 견해에 따르면, 일부다처제하에서 가장 큰 피해자는 경쟁에서 밀린 남성이라고 한다. 그들에겐 평생 단 한 번의 짝짓기 기회도 오지 않을 테니까. 실제로 도쿠가와 시대만 해도 인구의 상당수에 해당하는 남성들이 평생 동안 한 번도 짝짓기를 하지 못했다고 한다. 그도 그럴 것이, 『구운몽』의 주인공 성진이만 해도 무려 8명의 절세가인들을 혼자서 독차지했으니, 누군가는 평생 '솔로'로 살아가야 했으리라.

아무튼, 일부일처제 외에 다양한 결혼제도가 존재한다는 것, 일부일처제는 근대와 함께 도래한 역사적 산물일 뿐이라는 것을 깊이 되새길 필요가 있다. 하지만 근대 초기에는 일부일처제야말로 신의 소명이자 최고의 문명적 가치로 받아들여졌다. 성적 욕망이 모조리 가정으로 흡수되면서, 가정이 국가의 기초단위가 된 까닭이다. 이제 가정은 사랑과 성애의 특권적 장소가 되었다. 그리고 그것은 사적 소유의 신성함이라는 경제적 원리와도 맞물려 있다. 봉구에게 있어 혼인을 한다는 건 육체에 대한 완벽한 독점을 의미한다. 방 안에 두고 혼자만 즐길 수 있는 것, 그것이 결혼이다. 결혼만이 그러한 사적 소유를 보장해 준다. Double 'No Touch!'── ①결혼 전에는 건드리지 않는다. ②결혼 후에는 아무도 못 건드리게 한다.

그런데, 그 이전에 사적 소유야말로 신성불가침의 원칙이라는 대전제가 없다면, 어떻게 이런 식의 금욕이 가능하겠는가? 예컨대, 결혼이 육체에 대한 사적 소유를 보장해 주지 않는다거나, 혹은 사적 소유란 부도덕한 것이라는 윤리가 작동한다면, 과연 어떻게 될까? 아마도 순결에 저토록 집착할 리가 없다. 절대로(방문객들에게 자기 아내를 제공하거나, 평생 결혼은 반드시 세 번에 ── 젊을 때는 늙은이와 중년엔 같은 또래와 늙어서는 다시 젊은이와 ── 걸쳐 해야 한다고 믿는 원주민들이 아직도 존재한다는 걸 꼭 환기하자)!

결국 봉구는 순영의 잠든 모습을 보고는 "잠깐 동안 성욕의 충동을 받았으나" "사랑스러움과 기쁨이 가득한 눈으로 순영의 평화롭게 잠든 얼굴을 언제까지나 들여다보"는 것으로 만족한다. 순결을 지켜 주기 위해 처절할 정도로 분투하고 있는 것이다. "순영은 티없는 처녀다. 오직 하나님의 품밖에 안겨 볼 일이 없을 그러한 깨끗하고 티없는 처녀다. 저 하얀 가슴속에는 아직 끌러 보지 못한 사랑의 봉지가 있다. 그것은 오직 나에게만 끌러 놓을 것이다." 이 정도면 '강박증' 수준이다. 오묘하게도, 육체적 순결에 대한 망상이 커지면 커질수록 그 육체의 소유가 줄 회열이 증폭되고 있다. 결국, 순결이라는 지순한 가치는 육체의 독점적 향유의 다른 표현이었던 셈이다.

뜬금없어 보이지만, 변강쇠가 지리산으로 들어갈 때, 그리고 처참한 질병으로 죽기 직전, 옹녀의 성기에 대한 광기 어린 소유욕을 드러냈음을 상기해 보자. 봉구의 순애보와 강쇠의 광기는 같은가? 다른가? 과연 이 연애는 순정한 것인가?

2. 연애와 죽음충동

감각의 제국

<감각의 제국>은 1930년대 말 일본열도를 뒤흔들었던 게이샤 아베 사다의 실화를 1976년 영상으로 만든 전설적인 포르노그래피다. 배우들의 실제 정사 및 음부 노출, 성기 절단 등 이른바 하드코어 포르노로 일본처럼 포르노에 관대한 곳에서도 상영이 허용되지 않아 프랑스에서 만들어 배급을 한 것으로 유명하다.

「변강쇠가」와 마찬가지로 이 영화도 두 주인공, 사다와 기치의 성행위를 중심으로 진행된다. 처음엔 여급인 사다가 주인인 기치에게 예속되었다가 차츰 둘의 관계가 전도되기 시작한다. 사다가 원하는 것, 거기에 맞춰 기치의 신체가 움직이기 시작한 것이다. 그때부터 기치의 신체는 오직 남근으로서만 기능하게 된다. 길을 걸을 때에도, 화장실에 갈 때에도, 깨어 있거나 잠들거나 사다는 기치의 '그것'을 놓치지 않는다. 사다는 말한다.

"이건 내 거예요."

"당신 걸 자르려구요. 아내와 하지 못하게요."

"이걸 자르면 언제나 넣고 있을 수 있잖아요."

사랑이 성욕으로, 성욕이 다시 남근에 대한 욕망으로. 남근에 대한 이 맹목적 집착에는 원인도, 목적도 없다. 그리고 그때부터 욕망은 죽음을 향해 질주하기 시작한다.

"따라해요. 목을 졸라 줘."

"당신을 죽일 거예요."

마침내 기치도 죽음을 수락한다. 아니, 기치에겐 이미 생에 대한 어떤 의지도 남아 있지 않다. 모든 욕망을 완벽하게 사다에게 회수당했기 때문이다. 기치가 하는 말.

"조르게 되면 도중에 멈추지 마. 중간에 멈추면 훨씬 더 아프거든."

기치를 목 졸라 죽인 사다는 환각 상태에 빠진다. 환각에서 깨어난 그녀는 죽은 기치의 몸에서 성기를 자르고, 그 흘린 피로 기치의 시신 위에 '사다와 기치, 우리 두 사람 영원히'라고 몸에 새긴다. 그리고 사다는 잘린 남근을 가지고 도쿄 시내를 나흘 동안이나 돌아다니다 경찰에 체포되었다. 영화의 마지막 대사. "사다는 여전히 황홀경에 빠져 있었다."

아주 오래전에 나는 이 작품을 사다로 표상되는 '대중의 리비도'
가 기치의 거대남근을 향해 질주하는 것으로 분석한 바 있다. "파시
즘 안에서도 일본 군국주의는 특히 초국가주의 혹은 극단국가주의
라는 이름으로 불리는데, 이것은 이론적인 구성이나 사상적 계보는
모호하고 공허하기 짝이 없지만, 엄청난 에너지로 일본인들의 욕망
을 흡인하는 일종의 블랙홀" 고미숙, 「감각의 제국―욕망, 팔루스, 그리고 파시즘」,
『비평기계』, 소명출판, 2000이라는 것이 나의 결론이었다. 요컨대, 대중들은
무엇을 향해 가는지도 알지 못한 채 오직 거대남근을 향해 질주해 갔
던 것이다. 그 광기는 숱한 죽음의 행진 이후에도 결코 멈추어지지
않았다. 남은 것은 잘려진 성기뿐. 어떤 욕망도 생성하지 못하는 텅
빈 사물. 말하자면, 사다를 미치게 하고 기치를 죽음으로 내몬 것, 일
본인들을 죽음의 광풍으로 내몬 것, 그것은 실상 남근 이상도 이하도
아니었다. 아무것도 생성해 내지 못하는 '죽은 사물'로서의 남근 말
이다.

죽음과 영원

봉구의 그 숭고한 사랑도, 순결의 신화도 '텅 빈' 사물이기는 마찬가
지다. 앞서도 말했듯이, 대상의 속성이나 양태와는 아무런 관계가 없
다. 사랑과 순결의 이념에 삶을 몽땅 걸었건만, 정작 그 이유도 목적
도 알지 못한다.

"사랑도 한바탕 꿈일까요. 우리 이 사랑도."

순영은 봉구를 보고 생긋 웃는다.

"글쎄 사랑 하나만은 꿈이라고 할 수 없는 것 같애. 이 지구가 다 부서져 버려도 사랑 하나만은 환한 불덩어리 모양으로 허공에 둥둥 떠 있을 것 같구려, 안 그래?"

"글쎄, 그럴 것 같애요. 사랑도 헛되면 어찌하나, 나는 그것이 무서워."

'사랑도 헛되면 어쩌나?' 이 두려움이야말로 '열정의 토대'다. 삶의 허무에 대한 공포가 종교의 토대인 것과 마찬가지로. 하지만 삶이 그러하듯, 사랑 또한 물거품 같은 것이다. 무상하게 변해 간다. 그러나 절대 그래서는 안 된다. 민족과 신을 대체한 것인데, 혹은 민족과 신에 대한 믿음과 같은 레벨에 있는 것인데 그것마저 무의미하다면, 그것마저 무상하게 변해 간다면 존재 자체가 무너지고 만다. 이들에게 사랑이란 결코 변해서도, 변할 수도 없는 것이었다. 그러므로 어떻게든 그 기호의 내부를 꽉 채워야 한다. 영원히 변하지 않는 그 무엇으로. 아무리 시간이 지나도 닳아 없어지지 않을 어떤 것으로.

연애가 죽음충동과 접속하는 것도 이 지점이다. 옹녀와 강쇠, 사다와 기치가 외부와 단절되는 순간 죽음충동에 사로잡힌 것과 마찬가지로, 연애 또한 불멸의 위치로 상승하면 할수록 그것은 삶으로부터 멀어진다. 저 높은 곳을 향하여 가다 보면, 두 발이 대지로부터 벗어나 허공을 맴돌게 되는 법. 결국 생을 송두리째 부정하는 벡터를 취하고 만다. '잃은 건 삶이요, 남은 건 연애'뿐! 이제 연애의 위대함을 증명하는 데 죽음보다 더 좋은 것은 없다. 아니, 죽음만이 이 연애의 순결성과 불멸성을 보장해 준다. 이런 측면에서도 연애는 신과 민족이라는 기호와 '구조적 동형성'을 이룬다. 부재와 결여를 통해서만 자신의 존재와 가치를 입증한다는 점에서 그렇다.

봉구가 사랑의 화신이 되어 가는 그만큼 그의 라이벌 백윤희는 성욕의 화신이 되어 간다. 순정과 애욕 사이의 양극화가 더욱 가속적으로 진행되는 것. 그러니 이런 숭고한 사랑을 배신한다는 건 도저히 용서받을 수 없다. 순영이 돈이 있는 백윤희와 영혼이 있는 봉구 사이를 오락가락 하다 마침내 백의 품으로 달아나자, 봉구는 이렇게 절규한다.

"내가 왜 그년을 살려 돌려보냈어요? 고년을 —— 고 헛바닥과 마음을 둘씩 셋씩 가진 년을 내가 왜 칼로 박박 찢고 오리지를 못하였어요? 어머니 놓아 주세요!"

"이년을 —— 이런 년을 안 죽이고 세상에 살려 두면 세상이 썩는단 말이에요."

순영이를 죽여만 버리고는 도저히 이 원망을 풀 길이 없다. 그를 오래오래 살려두고 지지리 지지리 괴로움과 부끄럼을 당하게 해도 시원치 않고 저승에까지 따라가서 순영을 지옥의 유황불 가마에다 넣고 재글재글 끓이고 볶아도 분풀이가 될 것 같지는 아니하였다.

신채호의 '지옥의 수사학'을 연상시킬 만큼 엽기적이다. 세상에 공짜는 없는 법. 순정은 반드시 대가를 요구한다. 고로, 사랑이 뜨거워질수록 증오 또한 함께 자란다. 봉구의 절규는 이 같은 연애의 정석을 적나라하게 보여 주고 있다. 다음 수순이 '복수혈전'인 건 두말할 나위도 없다. 돈 때문에 버림받았다고 생각하고 "김영진이라는 가명으로 인천 마루킴 미두취인 중매점에 사환 겸 점원 겸 들어가게 되었다." 이때부터 봉구는 5백만 원이라는 무서운 돈을 목표로 하였다. "나는 인생의 모든 이상과 모든 의무를 다 내버렸다. 오늘부터 나는 5백만 원의 돈을 모으기 위하여 사는 사람이다." 아무튼 봉구는 뭘 하든 '올인'을 해야 직성이 풀리는 캐릭터다. 이것도 멜로드라마의 전형이다. 처절하게 복수를 하는 점에서나 복수를 위해 치밀하게 성공하는 점에서나. 어찌 보면, 이것이 한국 근대화의 토대인지도 모르겠다. 종교든 돈이든 사랑이든 이념이든 뭐든 '죽기 살기'로 하는 기질, 이것이 그토록 짧은 시간에 한국이 근대화에 성공하게 된 동력이 아닐지.

아무튼 이 '지독하게' 고결한 사랑은 두 사람 모두를 절망의 늪으로 빠뜨린다. 봉구는 돈을, 순영은 음욕을 둘러싼 그물망에 걸려 버렸다. 화폐─성욕─죽음, 자본주의를 움직이는 이 충동의 트라이앵글이 본격적으로 그 정체를 드러내기 시작한 것이다. 봉구는 사람을 죽였다는 누명을 쓰고는 감옥에 갇히게 되고, 순영은 임질과 매독에 걸려 남편에게 버림받은 뒤 생을 놓아 버리기로 작정한다. 당연하게도, 이런 불행들은 이들의 사랑을 더더욱 아름답게 승화시켜 준다. 불행하면 할수록 그 사랑은 더욱 순수해지고, 마침내 죽음을 통해서 그 사랑은 완성된다. 죽음이야말로 가장 아름답고 순결한 형식이다! 이것이 근대적 '연애의 정석'이다. 20세기 내내 소설과 시, 드라마와 영화가 총동원되어 이런 정석을 되풀이해 왔다. 덕분에 대부분의 사람들이 이것을 진리처럼 떠받들게 된 것이다.

'한'恨이라는 특이한 심리구조도 이런 사유를 토양으로 삼는다. 한이야말로 진정 근대의 산물이다. 지금까지 우리가 마주친 인물들을 한번 떠올려 보라. 옹녀는 그 지독한 풍파를 겪고도 전혀 비극에 침윤되지 않는다. 덴동어미는 한술 더 뜬다. 실로 험난한 '인생유전'을 거쳤음에도, 화전놀이의 신명을 주도한다. 자신의 운명을 한탄하고 원망하긴커녕 오히려 그것들을 고스란히 받아들임으로써 삶을 충만하게 채운다. 그녀를 밀고 간 건 연애와 사랑이라는 초월적 이념이 아니라, 오직 삶의 구체적 실감이었기 때문이다.

천만첩이나 쌓은 설움 웃음 끝에 하나 없네
구곡간장 깊은 설움 그 말 끝에 실실 풀려
삼동설한 쌓인 눈이 봄 춘春 자 만나 실실 녹네
자네 말은 봄 춘 자요 내 생각은 꽃 화花 자라
봄 춘 자 만난 꽃 화 자요 꽃 화 자 만난 봄 춘 자라
얼씨구나 좋을씨고 좋을씨고 봄 춘 자
화전놀음 봄 춘 자 봄 춘 자 노래 들어보소

덴동어미의 '팔자타령'이 끝나고, 다른 과부들의 '신세타령'이 줄줄이 이어진 다음, 놀이를 마무리할 겸 한 청춘과부가 부른 노래다. 작품의 결말치고는 참 멋들어지지 않은가. 삶의 고난과 슬픔이 '한'이 아니라 신명으로 변주되고 있다. 이런 배치하에서 비극 혹은 '한'이란 얼마나 낯선 것인지!

그에 반해, 연애라는 근대적 판타지는 근본적으로 죽음충동을 내장하고 있다. 연애가 삶의 표면을 떠나 천상의 가치로 승화하는 순간, 그 회로 안에서 죽음을 벗어날 길은 없어 보인다. 순정과 애욕의 이분법, 변이와 생성을 용납하지 않는 불변성, 순결과 소유에 대한 강박증, 부재와 결여를 통한 완성 ──이 공식들에는 도무지 출구가 없다. 결국, 이런 배치는 견고해지면 질수록 '생의 의지'를 잠식하는 방향으로 나아갈 수밖에 없다. 그 행진은 너무나 무겁고 힘겨워 오직 죽음의 순간에만 멈춰질 것이다. 시다와 기치가 그러했듯이.

차이와 반복

이 수난의 여정에서 두 사람이 참회하는 내용이 참, 흥미롭다. 먼저, 봉구의 경우를 보자.

나라를 위한다든가, 세상을 위한다든가 하는 생각은 봉구가 인천으로 내려갈 때에 벌써 한강 속에다가 다 집어넣어 버린 것이다. 예수에게 대한 믿음조차 다 내버리고 술과 담배도 배우고 도적질이나 다름이 없이 알던 미두까지 하지 아니하였는가.

"예수께서 십자가 상에서 하신 모양으로 나도 한 번만! 한 번만이라도 천하만민을 사랑의 품에 안아 보고 싶다!"

그러다가 다시 잠이 들었을 때에는 베드로라고 생각되는 수염 많은 노인이 펄렁펄렁 유대 사람이 입는 듯한 옷을 입고 맨발로 봉구의 방에 들어와서 '봉구야, 봉구야' 하고 봉구를 깨우더니 한 팔을 들어 환하게 열린 문을 가리키며 '자, 문이 열렸으니 나가거라. 나가서 주의 일을 하여라' 하고는 옥문 밖에까지 같이 나가다가 꿈을 깨었다.

나라와 세상, 예수에 대한 믿음, 천하만민, 베드로, 주의 일 ── 부담스러울 정도로 큰 기호들이 범람하고 있다. 사랑에 빠져 정신없이 날뛰다가 졸지에 천하만민을 끌어안고 싶다니. 거기다 성령을 받을 정도로 종교적 열광에 빠지고. 도무지 이 사람의 영혼은 평정을 알지 못한다. 이 정도면 신경불안증이라 해야 하지 않을까?

봉구는 영혼이 하도 순수해서 그렇다손 치더라도 돈과 욕망을 좇아 떠난 배신자, 순영의 경우는 어떤가?

이렇게 말하는 순영의 생각에는 자기가 '주와 나라를 위하여 몸을 바친다'던 옛 생각을 버린 것, 돈과 영화에 취하여 봉구의 사랑을 버리고 육욕밖에 모르는 남자의 첩이 되었던 것, 술과 담배를 먹게 된 것, 임질·매독까지도 걸리게 된 것, 이런 모든 광경이 눈앞에 비치었다. '더러워진 몸 목욕하여 씻음으로 깨끗하게 될 수 있소, 죄의 더러운 영혼, 주에 회개함으로 주의 앞에 바침으로 깨끗할 수 있소, 그러나 자살함으로 죄 있는 몸과 영혼을 깨끗하게 할 수 없소. 살아서 세상 사람 대할 면목 없다 하면 죽어서 하나님 대할 면목 더욱 없을 것이오.'

봉구의 사유구조와 동일하다. 그런 점에서 순영은 봉구의 '분신'인 셈이다. 두 사람은 파국을 겪고 난 뒤, 다시 민족과 주의 품으로 귀환한 것이다. 물론 배신의 대가는 치러야 한다. 순영은 성병 때문에 '눈이 먼 채' 태어난 딸아이와 함께 자살함으로써 스스로를 징벌한다. 절규하는 봉구!

아아 나의 순영은 영원히 가 버렸다. 나는 이로부터 혼자다. 하늘 아래 땅 위에 나는 혼자다. 영원히 혼자다. 이제부터 한국의 강산이 내 사랑이다. 내 님이다. 한국의 불쌍한 백성이 내 사랑이다. 내 님이다. 죽고 남은 이 목숨을 나는 그들에게 바치련다. 그들과 같이 웃고 그들과 같이 고생하고 같이 굶고 같이 헐벗자. 그들의 동무가 되고 심부름꾼이 되자.

모든 빛난 것이여! 모든 호화로운 것이여! 모든 아름다운 것이여! 다 가라! 한국의 모든 백성들이 다 안락을 누릴 때까지 내 몸에 안락이 없으리라. 다 한가롭게 놀 수 있을 때까지 내겐 한가함이 없으리라. 만일 순영과 같이한다 하면? 그러나 그것은 지나간 꿈일러라.

다시 오지 못할 꿈일러라.

가자! 우리 님에게로 가자! 불쌍한 한국 백성들에게로 가자! 농부에게로 가자! 거기서 그들과 같이 땀 흘리고 그들과 같이 늙고 같이 죽어 그들과 같은 공동묘지에 묻히자! 이것이 봉구가 서울을 떠나서 시골로 내려올 결심을 하느라고 여러 날 동안 밤을 새어 가며 생각할 때에 일기 모양으로 맹서 모양으로 써 놓은 글이다.

순영이를 낳아 준 조국이라 한국을 사랑한다고 할 때는 언제고, 이젠 한국이 내 사랑이고 내 님이라고 한다. 연애의 열정이 고스란히 민족애로 변주되고 있다. 3·1운동 당시로 회귀한 것이다. 계몽에서 연애로, 연애에서 다시 계몽으로.

물론 그렇다고 단순회귀는 아니다. 미세하지만 분명 차이가 있다. 이제 민족을 '님과 사랑'으로 표상하게 된 것이다. 물론 그 이전에도 이런 식의 정염이 개입되지 않은 건 아니지만, 이젠 민족의 표상에 확실하게 에로틱한 색채가 새겨졌다. 그와 더불어 '여성적인, 아주 여성적인' 어조와 태도가 전면에 등장하게 되었다. 자세한 내용은 다음 장에서 더 살펴보기로 하자.

3. 자의식과 권태

만약 순영이 백윤희가 아니라 봉구를 택했다면 어떻게 되었을까? 봉구가 사랑하는 만큼 순영 또한 봉구를 사랑하여 둘이 결혼에 골인했다면? 멜로드라마에 나오는 커플들도 마찬가지다. <겨울연가>, <천국의 계단>, <가을동화> 등에 나오는 커플들이 아무런 장애 없이 결혼에 성공했다면? 생각만 해도 끔찍하다. 왜냐고? 그들의 사랑은 금방 식어 버렸을 테니까.

인생만사 다 그런 것 아닌가? 붙잡는 순간, 손 안에는 아무것도 없는 법. 그들의 사랑을 고매하게 만든 건 둘의 결연을 지연시키는 장애 때문이다. 그 장애들과 싸우는 동안엔 사랑이라는 기호가 초월적 힘을 발산하지만, 장애가 사라지는 순간, 그것은 물거품처럼 스러지고 만다. 남는 건 지루하고 남루한 일상뿐. 이것이 연애가 밟는 또 하나의 통상적 코스다.

과연 그랬다. 1920년대 중엽이 되면서 연애의 시대도 막을 내렸다. 부박한 연애풍조야 계속되었지만, '연애'가 시대의 주역이 되지는 못했다. 카프KAPF가 결성되면서 욕망이 혁명을 중심으로 재조직되었기 때문이다. 이제 연애로 향했던 열정은 혁명이라는 새로운 기호를 향해 맹렬하게 달려갔다. 근대계몽기의 모든 욕망이 민족을 중심으로 조직되었던 것처럼, 이때부터는 원하건 원치 않건 혁명이라는 새로운 화두를 중심으로 '헤쳐 모여'를 할 수밖에 없었다. 근대계몽기의 민족주의와 카프 결성 이후의 민족주의가 전혀 다른 것은 이 때문이다. 동일한 기호라도 인접항이 달라지면 이전과는 전혀 다른 무엇이 되어 버린다. 연애 또한 마찬가지다. 1930년대 이후 '파시즘의 진군'과 더불어 연애의 행태는 한층 복잡하고 다양하게 분화하였다. 하지만 그것이 3·1운동 직후처럼 욕망의 사회적 배치, 그 한가운데를 점유하지는 못했다. 사적이고 은밀한 영역으로 퇴각해 버린 것이다. 열정이 불타고 지나간 자리, 거기에 남은 것은 무엇일까? 「소설가 구보씨의 하루」가 그에 대한 답을 준다.

아, 여기서 잠깐. 이미 눈치챘을 테지만, 이 글은 결코 식민지 시대 연애와 성풍속에 대한 학술보고서가 아니다. 1920년대부터 30년대에 이르기까지 연애와 성이 어떤 변화를 노정했는지, 그것이 문학 속에서 어떻게 형상화되었는지 등에 대해선 이미 충분한 연구성과들이 제출된 바 있다. 내가 겨냥하는 건 인식론적 배치에 관한 것이다. 근대가 욕망을 어떻게 구조화하는지에 대한 일종의 담론적 분석인 셈이다. 때문에 인식론적 징후를 드러내는 것이라면, 무엇이건 자료로 활용할 수 있고, 자료를 '절단, 채취'하는 방식 또한 얼마든지 다양할 수 있다. 따라서, 지금까지의 논의가 『재생』에 대한 문학적 분석이 아닌 것처럼, 지금부터의 내용도 「소설가 구보씨의 하루」에 대한 작품분석이 아니다. 또 『재생』도 그렇지만, 「소설가 구보씨의 하루」도 시대를 대표한다고 말하기는 어렵다. 하지만 거기에는 근대적 욕망의 배치를 탐사하는 데 있어 매우 유용한 징후들이 담겨 있다. 내가 주목하는 건 바로 그런 양상들이다.

피로와 신경쇠약

오후 두 시, 일을 가지지 못한 사람들이 그곳 등의자에 앉아, 차를 마시고, 담배를 태우고, 이야기를 하고, 또 레코드를 들었다. 그들은 거의 다 젊은이들이었고, 그리고 그 젊은이들은 그 젊음에도 불구하고, 이미 자기네들은 인생에 피로한 것같이 느꼈다. 그들의 눈은 그 광선이 부족하고 또 불균등한 속에서 쉴 새 없이 제각각의 우울과 고달픔을 하소연한다.

구보씨가 포착한 1930년대 다방의 풍경이다. 젊은이들이 이미 인생에 피로감을 느낄 정도로 '모던한' 시대가 되었다. 근대가 '계몽의 빛'이나 소년 예찬, 폭발하는 열정 등으로 표상되는 시대는 지났다. 아니, 대중들은 이미 그것에 익숙해져 버렸다. 하여, 모더니티는 계속 '모던한' 이미지들을 만들어 내야 한다. 이제 피로와 우울, 고달픔 등이 새로운 유행이 되어 도시를 지배한다.

소설가 구보씨는 "직업과 아내를 갖지 않은," "어디 월급 자리라고 구할 생각은 없이, 밤낮으로, 책이나 읽고 글이나 쓰고, 혹은 밤중까지 쏘다니고 하는" 인물이다. 그는 소설가답게(?) 신경쇠약을 앓고 소심하기 이를 데 없다. 어디 신경쇠약뿐인가. 그는 아주 다양한 종류의 질병을 가지고 있다. 중이염에 24도의 안경을 쓸 정도로 낮은 시력, "변비, 요의빈수, 피로, 권태, 두통, 두중, 두압." 만성 위확장 등 온갖 '모던한' 질병을 총체적으로 앓고 있다. 이 질병의 원인은 두말할 것도 없이 '스트레스'다. 결국 신경쇠약과 소심증이 구보씨가 지닌바, 개성인 셈이다.

더 정확히 말하면, 신경쇠약과 소심증은 소설가들의 공통 캐릭터라 할 수 있다. 1920년대의 문학이 연애의 열정을 분출하는 데 몰두할 때부터 신경증은 근대적인 주체의 병리적 현상이었다. 조직병리학상으로는 결핵이, 정신병리학상으로는 신경쇠약이 1930년대 문학이 전면에 내세웠던 '문학적' 상징이었다. 이수영, 『섹슈얼리티와 광기』, 그린비, 2008 참조 그런 양상이 구보씨에게서 좀더 심화되어 나타났을 뿐이다. 결핵이건 신경증이건 원인은 내면이다. 내면은 곧 자의식이다. 자기를 뚫어지게 응시하는, 자기에 대한 인식, 자신에 대한 사유다. 자기를 자기로 인지하는 것, 그것이 자의식이다. 물론 이건 전적으로 근대의 산물이다.

근대 이전의 사유에 등장하는 '심'心이나 '정'情 등은 기본적으로 주체의 안과 밖을 넘나드는 개념이다. '성즉리'性卽理, '심즉리'心卽理 등과 같은 테제들이 잘 대변해 주듯이, 마음은 곧바로 외부와 통하는 창이었다. 혹은 더 나아가 '삼계유심'三界唯心, 곧 삼계가 다만 마음이요, 마음마음이 겹쳐진 세계가 중중무진重重無盡 법계라고도 한다. 정화 스님, 『마음 하나에 펼쳐진 우주』, 법공양, 2000, 107쪽 이를테면 마음이 곧 우주요, 우주가 곧 마음인 것. 그에 반해, 내면이나 자의식 등의 개념은 철저히 외부와의 단절을 전제로 한다. 자기를 타자와 구별해 주는 고유성을 미리 설정해 놓고 있는 것이다. 근대인들에겐 웅크리고 앉아 자기만을 응시하는 아주 '조그마한 방'이 생긴 것. 그것이 신경쇠약과 짝하는 건 너무나 당연하다. 안팎으로 흘러야 할 욕망의 흐름을 자아라는 밀폐된 방에 가두어 버렸으니, 신경이 쇠약해지지 않을 도리가 있겠는가.

이 방면의 전문가들이 바로 소설가다. 소설이란 한마디로, 집요하게 내면을 응시하는 글쓰기 형식이다. 대개 소설가의 능력은 얼마나 내면을 섬세하게 잘 그려냈는가에 따라 결정된다. 아이러니하게도 이 '내면성'은 병으로써 자신을 증명한다. 즉, 고독하고 번민하는 주체가 되기 위해서는, 다시 말해 고유한 내면을 가지기 위해서는 병을 앓아야 한다. 병든 주체의 내면, 그것이 바로 근대문학이 스스로를 정립하는 기본코드다.이수영, 『섹슈얼리티와 광기』 참조 그러므로 구보씨가 각종 질병에 시달리는 건 지극히 자연스럽다. 그리고 그 질병들은 그를 더욱 외롭고 쓸쓸하게 만든다. 이렇게.

그러나, 그러한 생각과 함께 구보는 격렬한 두통을 느끼며, 이제 한 걸음도 더 옮길 수 없을 것 같은 피로를 전신에 깨닫는다. 구보는 얼마 동안을 망연히 그곳, 한길 위에 서 있었다.

고독과 우울

외부와 단절된 '자기만의 방'을 갖게 된 대가는 혹독했다. 당연한 이 치이지만, 이제 근대적 개체들은 고독을 숙명처럼 안고 살아가야 한다. 안팎의 흐름을 과격하게 경계 지음으로써 내면이 구성된다면, 내면과 고독은 동전의 양면처럼 붙어다닐 수밖에 없다. 따라서 모던한 도시일수록 고독이 '도처에 범람하는 건' 이치상 당연하다. 자업자득! 그리고 그때 고독이란 무슨 대단한 존재론적 의미가 있는 게 아니라, 그저 '접속능력의 부재'를 의미할 뿐이다.

구보는 차를 마시며, 약간의 금전이 가져다 줄 수 있는 온갖 행복을 손꼽아 보았다. 자기도, 혹은, 8원 40전을 가지면, 우선, 조그만 한 개의, 혹은 몇 개의 행복을 가질 수 있을 게다. …… 갑자기 구보는 벗이 그리워진다. 이 자리에 앉아 한 잔의 차를 나누며, 또 같은 생각 속에 있고 싶다 생각한다. …… 그러나 그는 구보의 벗이 아니었다. 뿐만 아니라, 두 사람의 시선이 마주쳤을 때, 두 사람은 거의 일시에 머리를 돌리고 그리고 구보는 그의 고요한 마음속에 음울을 갖는다. …… 그 뒤부터 구보는 그 사내와 시선이 마주치면, 역시 당황하게, 그리고 불안하게 고개를 돌리는 수밖에 없었다. 그것은 사람의 마음을 우울하게 하여 놓는다. 구보는 다방 안의 한 구획을 그의 시야 밖에 두려 노력하며, 사람과 사람 사이의 교섭의 번거로움을 새삼스러이 느끼지 않으면 안 된다.

그는 차 한 잔 나눌 벗도 없다. 그도 그럴 것이 그는 거의 자폐증에 가까울 만큼 사람들과 접속하는 법을 모른다. 시선이 마주치는 것조차 두려워하고, 그로 인해 금방 우울에 빠지며, 조금이라도 부딪히는 걸 번거롭게 여긴다. '사람과 사람 사이의 교섭의 번거로움'을 느끼면서 고독하지 않기를 바라다니, 어불성설이다. 물론 구보는 이런 태도가 얼마나 문제적인지, 잘 알고 있다.

거리에서 그에게 온갖 종류의 불유쾌한 느낌을 주는, 온갖 종류의 사물을 저주하고 싶다, 생각하며, 그러나 문득, 구보는 이러한 때, 이렇게 제 몸을 혼자 두는 것에 위험을 느낀다. 누구든 좋았다. 벗과, 벗과 같이 있을 때, 구보는 얼마쯤 명랑할 수 있었다. 혹은 명랑을 가장할 수 있었다. 마침내, 그는 한 벗을 생각해 내고, 길가 양복점으로 들어가 전화를 빌렸다. …… 구보는 그에게 부디 다방으로 와 주기를 청하고, 그리고 잠깐 또 할 말을 생각하다가, 저편에서 전화를 끊어 버릴 것을 염려하여 당황하게 덧붙여 말했다. "꼭 좀, 곧 좀, 오―." …… 벗이 왔다. 그렇게 늦게 온 벗을 구보는 책망할까 하고 생각하여 보았으나, 그보다 먼저 진정 반가워하는 빛이 그의 얼굴에 떠올랐다. 사실, 그는, 지금 벗을 가진 몸의 다행함을 느낀다.

'제 몸을 혼자 두는 것에 위험을 느낀다.' 위험하다고? 고립이 심화되면 존재가 위험해진다는 걸 본능적으로 감지한 것이다. 배터리가 떨어져 가는 사이보그처럼 그는 외부와 접속할 고리를 찾는다. 최소한 명랑을 가장할 수 있는 벗을. 하지만, 그에게 벗이란 '곰곰이 생각해야만' 떠오르는 존재다. 다방으로 와주기를 애걸해야 하고 전화를 끊어 버릴까 봐 전전긍긍한다. 늦게라도 나와 준 것을 다행으로 여길 만큼 구차하기 짝이 없다. 사실 이건 단어의 정의상 벗이 아니다! 결론적으로 그에게는 단 한 명의 벗도 없는 셈이다. 그 정도로 구보씨의 인간관계는 빈곤하다. 하기야, 시선을 오로지 내면만을 향하고 있는데, 대체 누가 벗이 되어 준단 말인가?

그런 그가 우울한 건 너무 당연하다. 명랑은 외부와 소통할 때 터져나오는 일종의 생기다. 과학적으로도 웃어야 혈관이 확장되면서 혈액순환이 원활하게 이루어진다고 한다. 근데, 웃으려면 벗이 있어야 한다. 반대로, 소통의 창구가 닫히면? 당연히 명랑하게 웃을 일이 없다. 자연히 혈관은 딱딱해지고, 기운은 무겁게 가라앉는다. 때론 그것이 평온이나 고요처럼 보이지만, 차츰 두텁게 쌓이다 보면 결국, 우울증이 된다. 우울이란 말 그대로 꽉 막힌다는 뜻이다. 아울러, 생의 능동적 의지 혹은 접속능력이 '제로지점'을 향해 나아간다.

사실 서울에 있지 않은 모든 벗을 구보는 잊은 지 오래였고 또 그 벗들도 이미 오랫동안 소식을 전하여 오지 않았다. 그들은, 모두, 지금, 무엇들을 하고 있을꼬, 한 해에 단 한 번 연하장을 보내 줄 따름의 벗에까지, 문득 구보는 그리움을 가지려 한다.

그리움을 '쥐어짜야' 하는 가련한 구보씨. 열정은 말라 비틀어졌다. 남은 건 황폐한 자의식뿐. 이미 지적했듯이, 자의식이란 자신에 대한 의식이다. 밑도 끝도 없이, '나는 누구인가?'라는 물음에 빠져드는 것이다. 이 질문은 통사 구조 자체가 오류다. 자아라는 관념을 마치 실재하는 것처럼 설정하고 있기 때문이다. "생각하는 것이 뇌의 상태이고, 생각하는 주체는 언어의 형식상 여기에 잘못 끼어든 것이고, 그런 것은 원래 필요 없다." 요로 다케시라는 뇌과학자의 말이라고 한다(박문호 선생님).

근대 이전엔 이런 식의 물음이 불가능했다. 아니, 불필요했다. 인간과 외부 사이에 격차가 존재하지 않았는데, 별도로 '자아'를 설정해 두고 뚫어지게 응시할 필요가 없었던 것이다. 달리 말하면, 자의식이란 인간이 자연과 단절되는 그 순간, 태동을 시작했다고 할 수 있다. '자연의 타자화'는 가장 먼저 인간들 사이의 견고한 장벽을 낳는다. 물론 이것이 주체 생산의 핵심기제임은 말할 나위도 없다. 근대국민국가는 명분상 개별적이고 독립된 주체들 사이의 계약관계를 전제한다. 따라서 개별구성원들을 민족이나 국민이라는 집합적 단위로 호명하는 한편, 마치 사람마다 고유한 아이덴티티가 따로 존재하는 듯이 끊임없이 '나는 누구인가?'라는 질문으로 유도한다. 이 질문은 일단 빠지면 헤어날 길이 없다. 평생 동안 머리를 쥐어짜도 내가 누구라는 해답이 나올 리 없기 때문이다. 또 나온다 한들 그걸 어디다 쓰겠는가? 그런 점에서 일종의 수렁 혹은 늪이며, 근대인에게 주어진 저주다. 자연을 정복한 대가로 주어진 저주. 구보씨가 겪는 고독과 우울의 뿌리는 바로 여기에 있다. "마음과 대상이 한 삶임을 알지 못하고 마음이나 대상의 실체가 있다고 여기는 순간, 분별이 일어나면서 마음과 대상이 타자화되고 필연적으로 괴로움이 일어나게 됩니다."정화 스님,『마음 하나에 펼쳐진 우주』, 26쪽

연애와 자의식

그럼 이제 이런 고독한 도시인들은 어떻게 연애를 하는가? 삶의 패

턴과 사랑의 패턴은 나란히 간다. 일상이 지루하고 썰렁한 사람이 연애를 뜨겁게 한다는 건, 정말이지 불가능하다.

구보씨는 전차에서 작년 여름 단 한 번 만났던 한 여성을 보게 된다. "구보는 여자와 시선이 마주칠까 겁하여, 얼토당토않은 곳을 보며, 저 여자는 내가 여기 있는 것을 보았을까, 하고 생각한다." "그는 결코 대담하지 못한 눈초리로, 비스듬히 두 간통 떨어진 곳에 앉아 있는 여자의 옆얼굴을 곁눈질하였다. 그리고 다음 순간, 그와 눈이 마주칠 것을 겁하여 시선을 돌리며, 여자는 혹은 자기를 곁눈질한 남자의 꼴을, 곁눈으로 느꼈을지도 모르겠다고, 그렇게 생각하여 본다." 좋게 말하면 섬세하고, 솔직히 말하면 쩨쩨하고 산만하기 짝이 없다. 도무지 시선이 정직하게 꽂히는 적이 없다. 계속 곁눈질로 보고, 곁눈질하는 자신을 또 보고, 그걸 타자가 어떻게 생각할까를 생각하고.

"그러다가, 갑자기, 그러한 것에 마음을 태우고 있는 자기가 스스로 괴이하고 우스워, 나는 오직 요만 일로 이렇게 흥분할 수가 있었던가 하고 스스로를 의심하여 보았다. 그러나 그가 여자와 한번 본 뒤로, 이래 1년간, 그를 일찍이 한 번도 꿈에 본 일이 없었던 것을 생각해 내었을 때, 자기는 역시 진정으로 그를 사랑하고 있는 것은 아닌지도 모르겠다고, 그러한 생각이 들었다. 만약 그렇다면 자기가 여자의 마음을 헤아려 보고, 그리고 이리저리 공상을 달리고 하는 것은, 이를테면, 감정의 모독이었고, 그리고 일종의 죄악이었다." 갑자기 '사랑' 운운하는 것도 뜬금없지만, 모독이니 죄악이니 하는 의미

부여는 또 뭔가? 한마디로 이 남자의 내면은 백지장처럼 가볍고 얇다. 따라서 감정의 모독이니 일종의 죄악이니 하는 '쓸데없이 무거운' 말들도 한낱 물거품처럼 허공에 흩어진다. 다음 장면.

여자가 차를 갈아타자, 구보는 순간 내리고 싶은 충동을 느낀다. 하지만 "여자가 그러한 자기를 얼마나 천박하게 생각할까" 하여, 망설인다. "구보가 망설거리는 동안, 전차는 달리고, 그들의 사이는 멀어졌다." "그가 그렇게도 구하여 마지않던 행복은, 그 여자와 함께 영구히 가 버렸는지도 모른다."

한마디로 구보는 '작업의 기초'도 모르는 인물이다. 그렇다고 순진한 건 절대 아니다. 생각은 억수로 많다. 하지만, 거기에 담긴 건 여자에 대한 감정이 아니라, 오직 감정에 대한 분석뿐이다. 구체적인 행동이라곤 '곁눈질' 말곤 거의 없다. 근데, 마치 무슨 실연이라도 당한듯 주저리주저리 늘어놓는다. 즉, 연애는 없는데, 연애에 대한 담론('썰')만이 난무하고 있다. 자의식의 줄에 꽁꽁 묶인 근대 도시인의 전형.

그럼, 이 여자와의 만남은 어떻게 시작되었나? 첫선을 보고 돌아왔을 때, 구보씨는 대체로 만족했다. 하지만 아무런 의사표시도 하지 않았다. "구보는 여자의 의사와 감정을 존중하고 싶었다." 허 참, (「혈의 누」의 구씨만큼이나) 민주적이기도 하지. 여자 역시 아무런 반응이 없었다. "그러는 동안에, 날은 가고, 그리고 그것에 대한 흥미를 구보는 잃기 시작하였다." 여자 쪽에서도 이편의 동정만 살피고 있더라는 전언을 듣고는 "구보는 쓰디쓰게 웃고, 그리고 그것이 사실이라면, 그것은 희극이라느니보다는, 오히려 한 개의 비극이라고 생각하였다. 그러면서도 구보는 그 비극에서 자기네들을 구하기 위하여 팔을 걷고 나서려 들지 않았다." 오, 이 지독한 소심증! 아니, 무기력증! 『독립신문』의 '자유연애론'이 주장한 거리재기와 탐색전은 여기에 이르러 극치에 도달한다. 이것은 대상으로부터 멀어지는 과정일 뿐아니라, 자신의 욕망으로부터 소외되는 과정이기도 하다.

물론 이런 구보에게도 '찐한' 러브스토리가 있기는 했다. 도쿄 유학 시절, 약혼자가 있는 여인을 사랑했지만, 그녀를 떠나보낸 일이 있었다. "사실 나는 비겁하였을지도 모른다. 한 여자의 사랑을 완전히 차지하는 것에 행복을 느껴야만 옳았을지도 모른다. 의리라는 것을 생각하고, 비난을 두려워하고 하는, 그러한 모든 것이 도시 남자의 사랑이, 정열이, 부족한 까닭이라, 여자가 울며 탄하였을 때, 그 말은 그 말은, 분명히 옳았다 옳았다."

실제로 비겁한 자보다 자신이 비겁하다는 걸 인정하면서 계속 비겁한 짓을 하는 자가 '더 비겁한' 법이다. 때로 자신의 행동과 습속을 정면으로 응시하는 건 중요하다. 왜냐? 그래야만 그것으로부터 떠날 수 있기 때문이다. '나는 누구인가?'라는 질문은 이 경우에만 유효하다. 그런데 구보씨식으로 자신을 관찰한다는 건 거기에서 떠날 생각이 없다는 뜻이다. 떠나기는커녕, 되레 거기에 웅크리고 아예 틀어앉아 버린다. 그와 더불어 신체적 무기력은 더욱 가속화되고, 오직 권태만이 쌓여 갈 것이다. 단절은 고독을 낳고, 고독은 자의식을 낳고, 자의식은 다시 권태를 낳고. 이 악순환의 고리가 바로 근대 도시인들의 정체성이다.

이 정체성은 연애의 열정과는 다른 방향에서 죽음충동과 짝해 있다. 열정의 파토스가 '텅 빈 기호'를 향해 맹목적으로 질주하다 마침내 신체를 해체하는 지경에 이르는 것이라면, 권태는 보이지 않게 생을 잠식해 들어간다. 자의식 강한 이들의 사랑은 삶을 더더욱 권태롭게 만든다. 구보씨처럼 거리를 재고 망설이고 곁눈질하고, 또 그런 자신을 냉소 어린 시선으로 바라보고 다시 그것을 분석하고 자책하느라 시간과 정력을 다 쏟아 버린다. 이런 사람들이 연애를 할 경우, 소심증은 한층 심화된다. 즉, 이들에게 연애란 생의 에너지가 고갈되는 과정이기도 한 것. 구보씨가 앓는 그 무수한 질병들을 보라(구보씨 같은 일상과 자의식을 지닌 사람이 건강하다면, 그건 실로 기적이다!). 질병은 다시 외부로 향하는 에너지를 멈추게 할 것이고, 그리하여 더더욱 안과 바깥은 격리될 수밖에 없다. 마침내 자신의 몸과 '생의 의지'로부터도 소외된다. 키르케고르가 말했다던가. '고독은 죽음에 이르는 질병'이라고.

*　*　*

멜로의 순정과 씁쓸한 권태 ──근대적 연애는 이 두 가지 축을 중심으로 움직인다. 봉구와 구보씨를 원조로 삼는 이 두 가지 판타지는 이 '포스트모던한' 시대까지도 계속되고 있다. 돌이켜 보면, 1990년대를 주름잡은 두 소설가, 공지영과 은희경의 작품들도 그 변주 가운데 하나였다. 공지영은 멜로의 순정 혹은 사랑의 화신들을, 은희경은 참을 수 없는 권태와 냉소를 그려냈던 것.고미숙,「순정과 냉소 사이에서 표류하는 페미니즘」,『비평기계』 허구의 세계뿐 아니라, 현실의 세계도 역시 그 두 가지 축을 중심으로 움직인다. 한편에는 신파조의 순애보가, 다른 한편에는 권태 혹은 변태로 이어지는 황폐한 섹스가 있다.

"섹스리스 부부가 참 많대요."

"스와핑도 많구."

"요즘 청소년들은 섹스파트너가 있대요. 어떤 애가 엄마가 어디 가신 틈에 여자친구를 불러서 섹스를 했는데, 엄마가 잠깐 뭘 빠뜨려서 다시 들어오신 거예요. 근데, 그 아들놈은 엄마가 온 걸 알고도 할 짓 다 하고 여자애 옷 다 입혀서 보내더라는 거예요. 엄마가 넘기가 막혀 하고 있는데 하는 말, '나, 쟤 사랑하는 거 아니고, 그냥 재미만 보는 거야' 그러더래요. 차라리 사랑하는 애라고 말했다면 덜 미웠을 거라고, 정말 때려 죽이고 싶었대요. 엄마가."

이런 대화를 들으면서 타락한 세태를 한탄해 댄다면 당신은 너무 둔한 것이다. 이런 유의 풍속적 진화는 실로 자연스럽다. 가족이 해체되고 성의 상품화가 가속화되면 갖가지 종류의 커플들이 늘어나게 마련 아닌가. 중요한 건 그게 아니다. 섹스리스건 스와핑이건, 10대의 '발랑 까진' 섹스건, 하나의 공통점이 있다. 성적 욕망이 조금도 삶 속으로 진입하지 않고 있다는 것. 즉, 삶의 능동적 의지와는 전혀 무관하다는 것이다.

그리고 여기에는 깊은 두려움이 자리하고 있다. 타자 속으로 들어가지도 못하고, 나를 열어 타인을 들이지도 못하는 참을 길 없는 소심증이. 이를테면, 이들은 자의식에 꽁꽁 묶여 오도가도 못하는 구보씨의 후예들인 것이다. 문제의 그 청소년이 했다는 말, "나 이렇게라도 안 하면 죽을 거 같아. 내가 스트레스로 공부도 못하고 그러면 엄만 좋겠어?" 그렇다. 10대의 도발적인 섹스조차 죽지 못해 하는 '짓'이 되었다. '죽어도 좋아'가 아니라, 죽지 못해 하는 섹스. 그걸 과연 성의 자유와 해방이라고 말할 수 있을까? 스와핑도 마찬가지다. '성의 해방'을 만끽하기 위해서라기보다 그렇게라도 하지 않으면 이 도시적 권태를 견디기 어려운 이들의 피난처가 아닐지.

그러므로 이들에게 사랑은 결코 지상에 있지 않다. 저 아득한 '천국의 계단'에서나 만날 수 있는 신화 같은 것이다. 그것은 아름답고 숭고하고 삶을 송두리째 걸 수 있는 운명적인 것이어야 한다. 이런 욕망에 기대어 멜로 또한 진화를 거듭해 온 것이다. 포르노가 판을 치면 칠수록 멜로 또한 더욱 고양된다. '적대적 공생관계'! 앞에서 제기했던 '욘사마 열풍'의 비밀도 이 어름에서 찾을 수 있지 않을까. 일본처럼 성풍속이 자유로운 나라에선 절대 <겨울연가> 같은 멜로가 생산될 수 없다. 다른 한편, 일본인들은 20세기 후반 고도의 경제성장과 더불어 한없이 메마르고 건조한 삶을 견뎌 왔다. 그러니 '욘사마'처럼 순결하고 아름다운 '사랑의 화신'을 보고 일종의 경이를 느꼈으리라.

결국, 순정의 신화건 권태로운 섹스건 둘 다 삶의 평면으로부터 유리되어 있다는 점에선 닮은 꼴이다. 따라서 이 이분법의 회로 자체를 벗어나지 않는 한, 거기에는 출구가 없다. 과연 우리는 봉구의 순정과 구보씨의 권태가 거느리고 있는 죽음충동의 그림자를 떨쳐 버리고, 삶과 존재를 긍정하는 사랑의 기쁨을 누릴 수 있을 것인가?

4. 맺으며 — 걸으면서 사랑하기

옹녀가 매혹적이지만 위험한 여인이라면, 장금이는 치열한 열정의 화신이다. 드라마 <대장금> 가운데 가장 기억에 남는 대사 한 토막.

> "기쁘십니까?" "슬픕니다."
> "슬픕니까?" "기쁩니다."
> "두렵습니까?" "설레입니다."
> "설레입니까?" "두렵습니다."

장금이가 간난신고 끝에 마침내 내의원 의녀가 된 뒤 그의 보디가드이자 연인인 종사관 나리와 숲길을 걸으며 주고받은 대화이다. 기쁜가 하면 슬프고, 슬픈가 하면 기쁘고, 두려우면서 설레고 설레면서 또한 두렵기 그지없는 것. 이렇게 정리하면, 누구나 사랑에 빠진 연인의 고백이라고 생각할 것이다. 이런 열정의 파노라마는 오직 연애에서만 가능하다고 여기기 때문이다. 하지만 장금이는 삶의 고비마다, 아니 매 순간 이런 '열정 속으로' 진입한다. 처음 수라간에 들어갔을 때도, 거기에서 쫓겨났을 때도, 다시 내의원 의녀가 될 때도. 장금이의 사랑이 파격적인 건 바로 여기에 있다.

욕망을 오로지 연애감정으로 흡인해 버린 것, 근대의 성적 판타지는 이 점에서도 참, 문제적이다. 무의식의 판타지에는 무수히 많은 욕망들이 흘러넘친다. 성욕은 그 가운데 하나일 뿐이다. 그런데 근대에 들면, 성욕이 모든 욕망의 중심을 차지해 버린다. 연애를 통해서만 존재를 확인하고 삶의 의미를 발견하는 불구자들이 된 것이다. 장금이는 이런 전제를 뒤집는다는 점에서 의미심장하다.

<모래시계> 때만큼은 아니지만, 나는 꽤나 열성적으로 이 드라마의 '처음과 중간과 끝'을 지켜봤다. 과도한(?) 해피엔딩으로 시청자들에게 조금의 여백도 허용하지 않았다는 비판이 있긴 하지만, 나는 결말에 대해서도 대체로 만족하는 편이다. '사면복권'되어 금의환향했음에도 새로운 삶을 찾아 다시 '저잣거리'로 나서고, 그 길목에서 위급한 환자를 구하는 마무리는 추상적이고 폐쇄적인 통상적 해피엔딩과는 아주 달랐기 때문이다. 모든 것을 누릴 수 있는 처지임에도 그것의 근원적 허망함을 꿰뚫고 생의 우발적인 흐름에 기꺼이 몸을 맡기는 장면은 참으로 간만에 맛보는 멋진 해피엔딩이었다. 옹녀가 다시 길을 떠났듯, 장금이 역시 길 위에 선 것이다.

거듭 말하지만 삶의 패턴과 사랑의 패턴은 나란히 간다. 그러므로 장금이의 사랑이 남다른 건 당연하다. 지금까지 탐색해 보았듯이,

근대 이래 우리 문화의 핵심코드는 사랑(혹은 섹스)이다. 마치 사회 전체가 무슨 열병에나 걸린 듯이 사랑을 갈구하고, 또 갈구한다. 그리고 그 모든 '사랑의 서사'를 관통하는 하나의 전제가 있다. 그것은 바로 죽음이다. 즉, 대부분의 드라마에서 사랑은 죽음과 깊이 연계되어 있다. 사랑은 오직 죽음을 통해서만 자신을 증명한다. 운명적 만남, 불치병, 아니면 불의의 사고. 이런 것들이 반복적으로 등장하는 이유도 거기에 있다. 그런 점에서 에로스는 타나토스(죽음본능)의 다른 이름이기도 하다.

대장금의 사랑이 전복적인 건 이런 식의 공식구를 간단히 해체해 버렸다는 데 있다. 그녀의 사랑에는 죽음의 그림자가 없다. 분명 이루어질 수 없는 사랑임에도, 그리고 끊임없이 사랑을 방해하는 장애물에 노출되어 있으면서도 그 사랑은 두 연인뿐 아니라, 그 연인들이 마주치는 모든 사람들을 '살린다'.

그것은 무엇보다 그녀가 '길 위에 있는 존재'이기 때문이다. 장금이는 아주 일찍부터 사랑에 빠지지만, 사랑 때문에 무얼 못해 본 적이 없다. 멜로드라마들을 볼 때마다 황당하기 짝이 없는 건 사랑에 빠진 연인들이 대체 뭘 하는 사람들인지 잘 모르겠다는 거다. 재벌3세건, 고시생이건, 직업여성이건 일단 사랑에 빠지면 일은 사라지고 오직 사랑만 남는다. 다시 말해 사랑이 삶을 '몽땅 먹어치워 버리는' 것이다. 그렇기 때문에 이런 사랑의 종말이 죽음으로 이어진다는 건 지극히 당연하다. 삶이 사라진 자리를 사랑이 메웠는데, 사랑은 무상하게 변해 간다. 그 무상함을 '불멸의 가치'로 승화시키기 위해서는 둘 중 하나가 죽거나 아니면 둘 다 죽는 수밖에는 방법이 없으니까.

하지만 장금이의 사랑은 그렇지 않다. 궁중에서건 유배지에서건, 수라간에서건 내의원에서건 그녀는 늘 뭔가를 배우고 터득해 나간다. 어디서나 새로운 스승을 만나고, 친구들과 깊은 우정을 나눈다. 그녀의 사랑은 그것들과 함께 간다. 하여, 그녀의 삶이 달라지는 만큼 사랑도 변해 간다. 그래서 그녀에게 있어 연인에 대한 사랑은 다른 것들에 비해 작지도 않지만, 그렇다고 그것이 최종심급이 되지도 않는다. 그녀에게 사랑이란 삶의 모든 과정을 멈추게 하고, 결국에는 죽음이라는 막다른 골목에 이르게 하는 것이 아니라, 다른 종류의 사랑들과 함께 가면서 끊임없이 새로운 관계 속으로 진입해 들어가는 과정인 것이다. 생성하고 변이하는 유목적 여정으로서의 사랑. 이름하여, '걸으면서 사랑하기'! 장금이의 아주 낯선 사랑법! 멜로의 순정과 권태로운 섹스 사이를 왕복달리기 하는 연애의 통사구조를 해체하려면, 우리는 무엇보다 특별하고 이질적인 그녀의 사랑법을 터득해야 할 것이다.

4장
소월과 만해, '여성-되기'의 두 가지 스펙트럼

하루는 그 아내가 배가 고파 눈물을 지으며 말했다.

"당신은 평생에 과거 한번 보지 않으면서 글은 읽어 뭣하오?"

허생은 웃으면서 말했다.

"내가 아직 글을 못 다 읽었소."

"그러면 장인바치질이나 해보지요?"

"그건 본디 배운 적이 없으니 어떻게 하겠소?"

"그러면 장사라도 해야지요."

"딱한 말이오. 밑천 없는 장사를 어떻게 하겠소?"

아내는 버럭 화를 내며 말했다.

"그래, 밤낮없이 글을 읽어 배웠다는 것이 고작 '어떻게
하겠소?'란 말뿐이오? 장인바치질도 못한다, 장사도 못한다,
그러면 도적질이라도 해야 할 거 아니오?"

— 연암 박지원, 「허생전」許生傳

"사랑은 그 자체의 진리를 사랑하는 대상에서가 아니라 있는
그대로의 사랑에서 구할 때만 자기의 진리를 나타낼 수 있을
것이다. 그러므로 사랑받는 자로부터 사랑하는 자에게로
돌아가야 하며, 그 자체로써 그것을 검토해야 한다."

— 미셸 푸코, 『성의 역사』 2권

물음 1 한때 문학평론을 한 적이 있었다. 한때라 함은, 1990년대 후반을 말한다. 다들 기억하시다시피, 90년대 후반은 후일담에다 연애스토리가 '판을 치던' 시대였다. 혁명의 비전이 사라지자, 무슨 한풀이나 하듯이 모두들 온통 연애담에 열중하기 시작했다. 1920년대의 변주라고나 할까. 한데, 당시의 글쓰기를 모든 평론가들은 '여성적 글쓰기'로 간주하였다. 여성작가들이 많기도 했지만, 남성작가들의 경우도 그렇게 평가되었다. 사랑과 결혼, 이혼과 결별, 섬세한 내면과 자의식 등의 단어들이 등장하면 그런 글쓰기에는 늘상 여성적이라는 딱지가 붙었다. 그러고 보니, 사랑이나 섬세한 내면은 '여성적인 것'으로 규정되곤 한다. 여성은 주로 연애와 자의식을 통해서만 자신의 삶을 표현한단 뜻인가? 그럼 연애를 잘 못하면, 여성적이지 않은 건가? 섬세한 내면, 나약한 자의식이 없으면 여성적이지 않단 말인가?

물음 2 관음보살은 여성인가? 아닌가? 여성이기도 하고, 아니기도 하다. 하지만 분명한 건 남성은 아니라는 것이다. 관음보살뿐이 아니다. 높은 경지에 도달한 분들은 다 성정체성이 모호하다. 달라이라마의 카리스마가 남성성에서 나온다고 보는 이는 아마 없을 것이다. 그리고 이 모호함은 중성적이거나 양성적인 것과도 다르다. 굳이 표현하자면, 성적 경계를 자유롭게 넘나드는 '유동적 흐름'에 가깝다. 때론 강하게, 때론 부드럽게, 때론 터프하게, 때론 우아하게. 어떤 종류의 성적 정체성도 다 포용해 내는 충만한 신체! 섬세하고 나약한 포즈로 연애결핍증에 시달리는 여성성과는 전혀 다른 분포와 감응을 야기한다. 그런데도 우리는 분명 그것을 여성성으로 인지한다. 그럼, 이때의 여성성이란 대체 어떤 것일까?

1. '님'의 계보

1920년대 중엽, 식민지 조선의 창공에 두 개의 섬광이 솟아올랐다. 『진달래꽃』과 『님의 침묵』이 바로 그것이다. 두 시집이 내뿜는 눈부신 수사학은 식민지 근대를 통과하던 조선인들의 가슴에 깊은 흔적을 아로새겼다. 이후 조선인들은 두 시인이 펼쳐 놓은 '은유의 그물망' 속에서 상상하고 사유하도록 '운명지워졌다'. 민족에 대하여, 이별에 대하여, 여성에 대하여, 그리고 사랑에 대하여.

한결같이 사랑을 노래하고 있다는 점에서 두 시집은 '연애의 시대'의 산물이라 할 수 있다. 그중에서도 특히 여성의 목소리를 전면에 내세운다는 공통성을 지닌다. 즉, 소월과 만해는 사랑과 별리에 대해 말하고 있으면서 동시에 여성, 여성성에 대해 말하고 있는 것이다. 하지만 지금까지 대개 이 여성들은 민족이나 한, 전통적 여인상 같은 낡아 빠진 기호체제로 포획되곤 했다. 이 장은 그러한 표상에 대한 반발에서 출발한다. 여성성이 아니라 '여성-되기'라는 개념을 동원한 것도 소월과 만해라는 기호를 좀더 낯선 시각으로 탐색하기 위함이다.

영웅의 메타포

한국인에게 있어 '님'이라는 메타포는 너무나 익숙하다. 하지만, 그것이 '원래부터 있었던' 건 아니다. 그것은 전적으로 소월과 만해 이후부터 우리의 무의식에 새겨진 은유적 표상이다. 그렇다면, 그것은 어떤 경로를 거쳐 우리에게 주어졌던가?

앞에서도 언급했듯이, 계몽 담론이 봇물처럼 터져나오던 시기, 민족이라는 새로운 초월자가 등장했다. 민족의 흡인력은 실로 강력했다. 하지만 그것은 발견과 동시에 사라져야 할, 즉 부재를 통해서만 존재성을 확보하는 참으로 기구한 운명에 처해 있었다. 그리고 이 역설적 국면은 '한'恨이라는 심리적 기제가 잉태되는 모태이기도 하다. 한은 수난과 결여, 부재의 극한에서 솟구치는 정서이기 때문이다.

부재를 통해 자신을 증명하는 존재, 이 초월적 기호와 주체 사이의 메울 수 없는 간극이야말로 숱한 은유들이 생성되는 토대다. 가장 초기적 메타포는 '영웅'이다. 영웅은 숭고한 초인의 이미지에서 평범한 보통사람에 이르기까지 드넓은 스펙트럼을 지닌 것인바, 민족에 대한 열렬한 사랑을 대상에 대한 열정으로 표현한 최초의 매개물에 해당한다.

나의 부르는 바는 이 새 영웅이며 나의 구하는 바는 이 새 영웅이니 영웅아 영웅아 이십 세기 신동국의 영웅아 오늘날 동국에 과연 이런 새 영웅이 나서 참담한 수단으로 이 나라의 영광을 회복하려는

가 혹 이런 새 영웅이 하나도 나지 아니하여 우리집 형제들이 지옥
중에서 슬피 부르짖는 참혹한 형상을 그대로 두려는가

『대한매일신보』 1909년 8월 18일자 기서 「이십 세기 새 동국의 영웅(속)」

연하는 자욱하고, 월색은 희미하다.
삼각산 높은 봉은, 예와 같이 울울한데
어찌타, 영웅은 한번 가고, 소식 없어.

『대한매일신보』 1909년 11월 28일자 「영웅아」

이처럼 계몽주체들은 다양한 형식, 다채로운 어조로 영웅의 출
현을 갈구했다. 그러나 그것은 돌아오지 않는 메아리였을 뿐이다. 불
러도 불러도 대답이 없는, 그러나 부르는 소리를 포기할 수도 없는
영원한 갈망의 대상, 영웅. 그래서 이 파토스에는 에로틱한 열정과
비탄의 음영이 짙게 깔릴 수밖에 없다. 그러나 그것은 아직 '여성적'
열정은 아니다. 영웅을 부르는 목소리 또한 남성적이기 때문이다. '남
성적' 주체가 '초월적 존재로서의 남성인 영웅'을 부르는 시대. 이것
이 근대계몽기의 특이한 화음적 구조이다. 근대계몽기의 민족주의
는 '상무정신'이나 '을지문덕주의'에 감싸여 있었고, 따라서 여성성은
철저히 침묵·봉쇄되었다.

비극은 힘이다!

물론 그럼에도 이 남성성은 비극에 깊이 침윤되어 있다. 그러나 그

것은 수동적 비애감과는 성격을 달리한다. 즉, 거기에는 비극에 대한 아주 적극적인 태도가 개재되어 있다.

대저 어떤 연회장이 사람의 마음과 풍속에 유익한 것이라 가로되 옛적 나파륜이 항상 연회장에 가서 구경하되 슬픈 연회가 아니면 구경하지 아니하였으며 또 슬픈 연회의 공효功效를 찬양하여 가로되 인물을 배양하는 능력은 역사상의 마음과 풍속에 유익함을 가히 알지로다

대개 일장 슬픈 연회로 영웅호걸의 장쾌한 사적을 구경하면 비록 우부우맹愚夫愚氓이라도 이로써 감동이 될지며 충신열사의 무한처량한 표적을 구경하면 비록 비부유아否婦幼兒라도 이로써 분발할지니 역사상에는 어떤 거룩한 사람이든지 그 언행과 그 사실만 기록하였거니와 연회장에는 그렇지 아니하여 천고이상의 인물이라도 그 얼굴을 보는 듯하며 그 말을 듣는 듯하여 그 정신을 십상팔구나 얻을 것이라 지금에 가령 성충계와 박제상 제공의 사적으로 연회하면 그 조철한 상태가 뇌수에 박힐 것이요 최영과 정포은 제공의 사적으로 연회하면 그 충렬한 실적이 언목에 어리어서 필경은 그리로 마음이 쏠리고 정신이 들어 고상하고 청결한 심회가 절로 날지니 이러하여야 연회가 귀하다 할 것이어늘 오늘날 한국에 있는 연회는 다만 유해무익한 것뿐으로 하나도 볼 만한 연회장은 없으니 이것도 또한 인민의 수치로다 그러나 이후에 연회장을 개량하기로 유의하는 자가 있거든 오직 저 슬픈 연회에 종사하여 국민의

심정과 감회를 일으키게 할지어다.

『대한매일신보』 1908년 7월 12일자 논설 「연희장을 개량할 것」

영웅호걸을 그린 연극은 슬픔을 야기하게 한다는 이 주장은 두 가지 점에서 흥미로운데, 하나는 역사 속의 영웅은 대개 비극의 주인공들이라는 것, 다른 하나는 비극을 환기함으로써 지금의 난세를 돌파할 수 있으리라는 것 등이다. 비극이 비극을 낳고, 비극으로 비극을 돌파하려는 이 비극의 연쇄고리! '슬픔도 힘이 된다' 정도가 아니라, 깊은 슬픔이야말로 세상과 싸우는 힘이 된다고 보는 것이다. 영웅이라는 메타포를 감싸고 있는 비장하고 웅혼한 아우라는 이런 '비극적' 태도에서 비롯한다.

그런데 흔히 이런 태도는 영웅주의의 산물로 치부되곤 한다. 뛰어난 개인을 역사의 주체로 내세우고, 그들이 대중들을 이끌어 간다는 관점 때문이다. 하지만, 계몽기의 영웅담론을 이 정도로 치부하고 마는 건 너무 소박한 소치이다. 예상과는 달리, 영웅의 메타포가 발산하는 의미망은 실로 넓고도 두텁기 때문이다.

모두가 영웅이다!

영웅은 별 물건이 아니라 말도 잘하고 글도 잘하고 낙두도 잘하여 능히 사람을 감동케 하며 사람을 놀래며 사람을 격동하는 자도 영웅이니 연설로 사람을 감동케 하는 자도 지금 있고 문장으로 사람

을 놀래키는 자도 있고 낙루하여 사람을 격동하는 자도 내가 보았
으니 우리 한국에 다수한 영웅이 없다 하리오 나는 유지자가 다 영
웅이라 하노니 이러한 연설가와 문장가와 낙루객을 보지 못하였으
며 알지 못하느뇨 영웅을 아는 자는 영웅을 아는 영웅이요 영웅을
벗하는 자는 영웅을 벗하는 영웅이요 영웅을 믿는 자도 영웅이요
사랑하는 자도 영웅이요 공경하는 자도 영웅이요 사모하는 자도
영웅이니 유지자라 하는 사람이 어찌 영웅으로 자처하지 아니하리
오 시무와 시세를 아는 것은 어렵다 하겠으나 여러 영웅이 합하면
하늘 뜻도 이기고 하늘 기틀도 빼앗을지라 시무와 시세의 알지 못
함을 어찌 근심하리오

신채호, 「서호문답」西湖問答

이 텍스트는 영웅이라는 기호가 지상적 평면 위를 가로지르며 끊임
없이 산포되는 양상을 잘 보여 준다. 요컨대, 누구든지 영웅이 될 수
있다. 뭐든 대중을 감발할 수 있는 것이라면. 그뿐인가? 영웅을 아는
자도 영웅이고, 영웅을 사랑하는 자도 영웅이며, 영웅의 친구도 영웅
이다. 이 정도면 영웅이 되지 않기가 불가능한 지경 아닌가? 그리하
여 이 낱말은 전 국민의 이름 속으로 마구 뒤섞여 들어가게 된다. "오
호라 우리 대한제국 이천만 민족 사회상에 장래 영웅될 학생제씨여"
『대한매일신보』1908년 12월 11일자 논설에서는 학생과 동의어가 되고, "전국의
청년들아 당연한 일 무엇인가 / 국가에 대한 의무 몸을 버려 할지로
다 / 예부터 살신성인이 영웅인저"『대한매일신보』1909년 9월 30일자에서는

청년과 같은 의미가 되고, 마침내 "이제 한국 형편은 무수한 영웅들이 동심협력한 후에야 능히 할 바이니 무수한 영웅이란 곧 의무를 아는 국민의 전체"『대한매일신보』1907년 10월 5일자 논설로 확산되기에 이른다.

이렇듯, 근대계몽기 계몽담론에서 '영웅'이란 기호는 실로 다중적이다. 한편으론 초월적 기표로서 초인 혹은 제국에 대한 열망을 표상하는가 하면, 다른 한편으론 청년, 학생, 국민 등 평범하기 이를 데 없는 개념들과 혼용된다. 이 두 가지는 발화양식도 달라서, 전자가 장중하고 비장한 아우라를 발산한다면, 후자는 가볍고 경쾌한 터치를 특징으로 한다. 요컨대 충만한 아우라에 감싸여 저 높은 곳을 배회하다가 한순간 착지하여 무수한 파동을 만들어 내는 기호, 그것이 곧 영웅이다.

영웅에서 연인으로

이런 화음적 구조에 변화가 생기기 시작하는 건 1910년 즈음해서이다. 이때는 의인화의 대상이 영웅에서 '조선혼' 혹은 '나의 사랑 한반도' 등으로 변모된다. 여기서는 민족과 민족을 부르는 주체의 관계가 '나와 너' '나의 사랑' 등 연인적 관계로 치환되고, 그와 더불어 비련의 정서가 훨씬 두드러지게 된다. 하지만 아직까지는 수동적 비애보다는 남성적 주체의 강고한 어조가 더 지배적이다.

그리고 시간이 흘러 3·1운동이 끝나고, 조선은 졸지에 '연애의 열기'에 휩싸였다. 앞에서 충분히 확인했듯이, 모든 욕망이 연애로,

연인에 대한 에로틱한 열정으로 수렴되었다.

> 아아, 나의 순영은 영원히 가 버렸다. 나는 이로부터 혼자다. 하늘
> 아래 땅 위에 나는 혼자다. 영원히 혼자다. 인제부터 한국의 강산이
> 내 사랑이다. 내 님이다. 한국의 불쌍한 백성이 내 사랑이다. 내 님
> 이다. 죽고 남은 이 목숨을 나는 그들에게 바치련다. 그들과 같이
> 웃고 그들과 같이 고생하고 같이 굶고 같이 헐벗자. 그들의 동무가
> 되고 심부름꾼이 되자.

『재생』의 한 대목이다. 앞에서 음미한 대로, 순영에 대한 열렬한
애정이 졸지에 한국의 강산, 한국의 불쌍한 백성으로 옮겨 가는 장
면이다. 이 남성의 사랑은 지극히 여성적이다. 비장하고 웅혼하기보
다 비애 어린 처연함을 동반하고 있는 까닭이다. 옆길로 새는 이야기
지만, 이 차이는 장이머우張藝謀 감독의 두 영화, 곧 <영웅>과 <연인>
의 차이에도 대응될 만하다. <영웅>의 남성들은 사랑을 할 때도 '남
성적'인 반면, <연인>의 남성들은 '진검승부'를 할 때도 '여성적'이다.
전자가 '영웅의 사랑'이라면, 후자는 '사랑의 영웅'이라 할 수 있을까.

어쨌든 이런 토양 위에서 『진달래꽃』(1925)과 『님의 침묵』
(1926)이 나타났다. 이제 부르는 주체는 청순가련한 '여성'으로, 떠나
간 '님'은 한없이 지고한 존재로 표상되었다. 님이라는 메타포가 출
현하기까지는 이렇듯 적잖은 우여곡절이 있었다. 물론 이외에도 더
많은 '실개천'들이 흘러들어 왔을 것이다. 하지만, 주목해야 할 것은

소월과 만해의 '님'은 이런 흐름들과 연관되어 있기는 하되, 다른 한편 그것들과는 질적으로 구별되는 '강렬도의 분포'를 지닌다는 사실이다. 소월과 만해가 오랫동안 한국인들의 무의식을 장악할 수 있었던, 그 불가해한 저력 또한 거기에서 비롯하리라.

2. 여성성과 '여성-되기'

범람하는 여성성

영웅에서 님으로, 남성적 목소리에서 여성적 어조로, 숭배에서 연정으로. 이러한 전이는 단순한 자리바꿈 이상의 의미가 있다. 무엇보다 여성성이 전면에 부각되었다는 점에서 그렇다. 그것은 단지 화자가 여성이라는 것만을 뜻하는 건 아니다. 화자가 남성인 경우에도 작품 전체를 지배하는 정조는 단연 여성성이라 할 수 있다. 예컨대 소월의 시 가운데 "밖에는 눈, 눈이 와라, / 고요히 창 아래로는 달빛이 들어라 / 어스름 타고서 오신 그 여자는 / 내 꿈의 품속으로 들어와 안겨라 // 나의 베개는 눈물로 함빡히 젖었어라 / 그만 그 여자는 가고 말았느냐, / 다만 고요한 새벽, 별 그림자 하나가 / 창 틈을 엿보아라"(「꿈꾼 그 옛날」) 같은 경우, 시적 화자는 분명 남성이지만, 시를 감싸고 있는 정조는 여느 작품들과 전혀 다르지 않다. 즉, 여기서 여성성이란 더 이상 화자의 성적 정체성의 문제가 아닌 것이다. 여성성의 범람!

그럼으로써 사랑은 이제 그 속성과 양태를 바꾼다. 즉, 남성이 여성에게 하듯, 위험에서 구해 주고 보호해 주는 그런 식의 사랑이 아니라, 간절히 기다리고 추구하고, 나아가 온몸을 알뜰히 바치는 지순한 사랑법이 그것이다. 이러한 변환은 무엇보다 제국주의적 이항대립을 해체한다는 점에서 의미심장하다. 즉, 제국주의의 침탈에 남성성으로 맞서는 건 분명 한계가 있다. 그것은 대칭적 동일성에 빠지기 때문에 언제든 제국주의를 복제할 위험에 처한다. 근대계몽기의 메타포가 바로 그런 경우에 속한다. 하지만 님의 은유, 그리고 여성적 어조는 그 같은 대립의 구도에서 벗어나도록 유도한다.

'여성-되기'

지금까지는 이 '여성성과 님'이라는 은유적 배치를 민족이나 한^恨, 전통 등으로 계열화함으로써 다시금 제국에 맞선 거대기호로 재영토화하였다. 그런 식의 재영토화가 가능했던 것은 소월과 만해의 여성성을 남성성의 대칭개념으로 간주한 데서 기인한다. 결론부터 말하면, 소월과 만해의 여성성은 남성성의 하위개념이 아니다. 여성성이 아니라, '여성-되기'라는 개념이 요구되는 건 이 때문이다. 펠릭스 가타리^{Félix Guattari}에 따르면, "본래적인 여성이란 결코 존재하지 않"는다. 그러므로 "남성/여성의 대립은 계급이나 카스트 등의 대립에 앞서 사회적 질서를 근거짓는 데 기여"하고, 따라서 "이 규범을 침해하는 것, 기존 질서와 단절하는 것은 모두 일정한 방식으로 동성애나 동물되기, 여성되기 등과 연관되어 있"다.펠릭스 가타리, 『분자혁명』, 윤수종 옮김, 푸른숲, 1998, 226~227쪽 요컨대 기호체제가 붕괴되려면 누구나 반드시 여성적 신체 되기를 통과해야 한다는 것. 그러므로 남성은 말할 것도 없고, 여성 또한 '여성-되기'를 해야 한다.

『진달래꽃』과 『님의 침묵』은 그저 여성의 고통이나 수난을 대변하는 것이 아니라, 식민지 근대가 부과한 남성적 가치체계를 붕괴시키면서 아주 낯설고 새로운 의미망을 만들어 낸다. 그런 점에서 소월과 만해에게서 18세기의 문인 문무자文無子 이옥李鈺의 글쓰기를 연상하게 되는 건 결코 우연이 아니다. 이옥은 여성이 아니다. 하지만 이옥은 "글을 쓰면서 여성이 되었다".

亂提羹與飯　어지러이 국과 밥을 들어
照我面門擲　내 얼굴에 던지네
自是郎變味　낭군의 입맛이 변한 것이지
妾手豈異昔　내 솜씨가 달라진 것이겠소

巡邏今散未　순라군 아직 흩어지지 않았는데
郎歸月落時　낭군은 달이 져서야 돌아오네
先睡必生怒　먼저 잠들면 반드시 성을 내고
不寐亦有疑　잠들지 않으면 그것 또한 의심을 하네

使盡闌干脚　난간 같은 다리로

無端趿踘儂　무단히 나를 치네

紅頰生靑後　붉은 이마에 퍼런 멍이 생기면

何辭答尊公　시부모님께 뭐라 답하리오

　대표작 「이언」俚諺의 '비조'俳調 가운데 9~11수에 해당하는 시들
이다. 탕아를 남편으로 둔 여인의 목소리가 생생하게 울려퍼진다. 섬
세하고도 애상에 젖은 이 여성적 어조는 고문古文으로 표상되는 남성
적 기호체계를 와해시켜 버린다. 이옥이 문체반정의 가장 큰 피해자
가 되었던 것도 그 때문이다. 이에 대해서는 고미숙, 『열하일기, 웃음과 역설의 유쾌
한 시공간』 개정신판, 북드라망, 2013, 106~111쪽 참조 "대저 천지만물에 대한 관찰
은 사람을 관찰하는 것보다 더 큰 것이 없고, 사람에 대한 관찰은 정
을 살펴보는 것보다 더 묘한 것이 없고, 정에 대한 관찰은 남녀의 정
을 살펴보는 것보다 더 진실된 것이 없다"는 이옥의 파격적 언술은
중세의 지배적 질서를 근저에서부터 뒤흔드는 잠재력을 내장하고
있다. 따지고 보면, 소월과 만해의 여성성이야말로 이옥의 20세기적
변주인 셈이다.

　또 하나 연원을 『삼국유사』에 나오는 불교설화의 여성 주인공들
에게서 찾을 수 있다. 『삼국유사』에서도 수행과 구원의 주체는 언제
나 여성이다. 여종의 몸으로 열심히 염불을 하여 서방정토로 간 욱면
과 남편 광덕과 친구 엄장 모두를 서방정토로 이끈 광덕의 아내. 이
여성들은 인욕을 기꺼이 감내하고, 온몸을 다 바치고도 어떠한 결여
도 없다. 이것은 결코 남성에 대칭되는 여성의 형상이 아니다. 남성/

여성의 대립을 깨는, 남성도 여성도 아닌, 혹은 그 모든 것인 관음의 화신, 바로 그것이다.

소월과 만해의 여성성을 '여성-되기'의 관점에서 다루어야 하는 건 바로 이런 맥락에서이다. 물론 소월과 만해의 '여성-되기'는 질적으로 판이한 경로를 취한다. 경계를 넘어가는 지점도, 도달하는 지점도, 그것이 야기하는 효과도 전혀 다르다. 둘의 '차이와 반복'을 통해 '여성성과 모더니티'의 관계를 탐사하는 것, 그것이 이 장이 수행해야 할 과제다.

3. 소월의 '여성-되기': 참을 수 없는 존재의 무상감

누구나 알고 있듯이, 소월의 시는 상실과 그리움에서 출발한다. 유종호의 표현을 빌리면 "임과 집과 길에 대한 낭만적 동경, 그리고 그 그리움의 좌절이 소월 시의 줏대 되는 가락" 유종호, 「해제: 우리의 터줏시인」, 『진달래꽃』, 미래사, 1991, 146쪽이다. 여기 고향도 잃고, 집도 잃고, 길 위를 그저 정처 없이 떠도는 한 여성이 있다. 물론 사랑도 떠난 지 오래다. 말하자면, 그녀는 온통 '부재로 충만한 존재'인 것.

부재와 망각

그런데 우리 님이 가신 뒤에는

아주 저를 버리고 가신 뒤에는
전날에 제게 있던 모든 것들이
가지가지 없어지고 말았습니다 「옛이야기」

하늘로 날아다니는 제비의 몸으로도
일정한 깃을 두고 돌아오거든!
어찌 섧지 않으랴, 집도 없는 몸이야! 「제비」

여성은 늘 지나간 기억에 붙들려 산다. 사무치는 그리움 속에서 "그 한때에 외워 두었던 옛이야기"만을 안고 살아가는데, 그 이야기는 부질없이 몸을 울리고, '님의 맑은 노래는' '언제나 가슴에 젖어 있다'.「님의 노래」흘러간 과거를 추억하면서 거기에 붙들려 있다면, 그때의 여성성은 '여성-되기'라 말할 수 없다. 왜냐하면, '되기'란 무엇보다 이전과는 다른 존재로의 변이와 생성을 의미하고, 따라서 그것은 일단 '반-기억'을 수반해야 하기 때문이다. 물론 기억 자체가 모조리 지배적인 가치를 반복하는 건 아니다. 중요한 건 기억이냐 망각이냐가 아니라, 기억과 삶이 결합하는 방식과 용법이다.

그런 점에서 보면, 소월 시의 여성화자가 되뇌이는 기억은 투명하지가 않다. 즉, 행복했던 옛날, 하나의 대상, 돌아가야 할 고향 등과 같은 뚜렷한 의미화의 장을 구성하지 않는다. 그 여성은 항상 부재와 그리움을 노래하면서도 그것을 구체적인 형상으로 지시하기를 거부한다. 때로는 기억과 망각 사이의 경계를 오가기도 한다.

그러나 자다 깨면 님의 노래는
하나도 남김없이 잃어버려요
들으면 듣는 대로 님의 노래는
하나도 남김없이 잊고 말아요 「님의 노래」

당신은 잊어버린 설움이외다 「님에게」

대부분의 시들이 밤, 잠, 꿈, 안개 등과 같은 명사들과 희미하고
아련하고 스러지는 것들을 형용하는 어휘들로 가득 차 있는 것도 비
슷한 맥락에 놓여 있다. 예컨대 이런 식이다.

야밤중 불빛이 발갛게
어렴풋이 보여라,

들리는 듯, 마는 듯,
발자국 소리,
스러져 가는 발자국 소리,
아무리 혼자 누워 몸을 뒤쳐도
잃어버린 잠은 다시 안 와라.

야밤중, 불빛이 발갛게
어렴풋이 보여라. 「그를 꿈꾼 밤」

새하얀 흰눈, 가비얍게 밟을 눈

재 같아서 날릴 듯 꺼질 듯한 눈.

바람엔 흩어져도 불길에야 녹을 눈.

계집의 마음, 님의 마음. 「눈」

대체 이 여성은 무엇을 그리워하고, 무엇을 기다리고 있는 것일까? 분명한 건 님을 만나거나 집으로 돌아간다고 해서 이 화자의 방황이 끝나지는 않으리라는 것이다. 어찌 보면, 이 여성은 님을 기다린다기보다 그저 기다림 '속에' 있다고 할 수 있다. 아니, 한술 더 떠 만남을 끝없이 지연시키면서 기다림이 주는 설움과 그리움을 한층 증폭시켜 가는 것처럼 보인다. 그리하여 그 슬픔과 상실감은 한편으론 더욱 깊어지고, 다른 한편 더 멀리 '산포되어' 허공을 가득 메워 버린다. 이때 결정적 역할을 수행하는 것이 바로 잡가적 가락이다.

소월 시에는 잡가 가운데서도 「수심가」_{愁心歌}, 「영변가」_{寧邊歌}로 대표되는 서도잡가의 음영이 짙게 드리워 있다. 잡가는 구한말에 부상하여 1910년대에 인기절정을 누린 노래형식으로, '정체불명의 상실감과 근원적 유동감'을 미학적 특징으로 한다. 잡가는 20세기 초, 오래된 것들이 순식간에 무너지면서 목적도, 방향도 알지 못한 채 새로운 삶을 강요당했던 전환기 대중들의 감성을 멋들어지게 담아냈다. 특히 「수심가」는 깊이를 가눌 길 없는 정체불명의 그리움과 비애를 분출한 노래다. "우리네 두 사람이 연분은 아니요 원수로구나 만나기 어렵고 이별이 종종 잦아서 못 살겠네" "한번 가고 아니 오니 이내 마음 수심 일다 / 관산이 어드매요 바라보니 수심 일다 / 난간이 적막한데 사람 그려 수심 일다 / 겨울 가고 봄이 오니 이내 시름 수심 일다" 이런 식의 '수심'이 밑도 끝도 없이 이어진다. 이 노래는 잡가 중에서도 가장 인기 있는 레퍼토리에 속한다.

소월 시에서 집단적 정서를 느끼는 건 바로 이 때문이다. 즉, 너무나 친숙하고 정감 어린 리듬을 타고 오는 까닭에 누구든 쉽사리 그 정서에 동화되어 버리는 것이다.

모더니티와 무상감

> 소리도 없이 바람은 불며, 울며 한숨지어라
> 아무런 줄도 없이 섧고 그리운 새카만 봄밤
> 보드라운 습기는 떠돌며 땅을 덮어라 「봄밤」

> 집을 떠나 먼 저곳에
> 외로이도 다니던 내 심사를!
> 바람 불어 봄꽃이 필 때에는
> 어찌타 그대는 또 왔는가
> 저도 잊고 나니 저 모르던 그대
> 어찌하여 옛날의 꿈조차 함께 오는가
> 쓸데도 없이 서럽게만 오고가는 맘. 「잊었던 맘」

그 누가 온다고 한 언약도 없건마는!

기다려 볼 사람도 없건마는!

나는 오히려 못물가를 싸고 떠돈다

그 못물로는 놀이 잦을 때. 「가을 저녁에」

이유도 없는 설움과 그리움이 땅을 덮고, 봄꽃이 피면 마음이 서럽게 오고간다. 기다릴 사람도 없이 노을이 지는 못물가를 정처없이 헤맨다. 존재 전체를 온통 뒤덮고 있는 이 정체불명의 무상감을 지시할 수 있는 기호는 없다. 다만, 대상을 향해 열렬히 달려가기보다 대상과 나 사이에 존재하는 상실과 기다림을 전신으로 견뎌 내고 있음을 감지할 수 있을 뿐. 소월 시가 감상적 낭만주의의 포즈를 취하면서도 결코 통속적 유행가로 전락하지 않는 건 그 때문이다.

그런 점에서 그의 시가 전통적이고 토속적 정조를 자아낸다고 보는 건 그다지 적확하지 않다. 지독한 상실감에 시달리지만, 결코 향수나 귀향의 의지를 보이지 않는다는 점에서 그렇다. 오히려 그보다는 도시인들의 내면적 공허함과 더 인접해 있다. 즉, 모더니티의 화려한 불빛 속에서 파편화된 개인들이 느끼는 고독과 적막으로서의 무상감에 가깝다는 것이다. "나의 가슴의 속모를 곳의 / 어둡고 밝은 그 속에서도 / 붉은 전등이 흐득여 웁니다. / 푸른 전등이 흐득여 웁니다"「서울밤」가 특히 잘 보여 주는 것처럼.

산산이 부서진 이름이여!

허공 중에 헤어진 이름이여!
불러도 주인 없는 이름이여!
부르다가 내가 죽을 이름이여!

심중에 남아 있는 말 한마디는
끝끝내 마저하지 못하였구나
사랑하던 그 사람이여!
사랑하던 그 사람이여!

붉은 해는 서산 마루에 걸리었다.
사슴의 무리도 슬피 운다.
떨어져 나가 앉은 산 위에서
나는 그대의 이름을 부르노라.

설움에 겹도록 부르노라
설움에 겹도록 부르노라
부르는 소리는 비껴가지만
하늘과 땅 사이가 너무 넓구나.

선 채로 이 자리에 돌이 되어도
부르다가 내가 죽을 이름이여!
사랑하던 그 사람이여!
사랑하던 그 사람이여! 「초혼」

천지에 가득찬 설움과 적막감. 그대와 나의 거리는 하늘과 땅만큼이나 넓다. 화자는 이 거리를 극복하는 길을 알지 못한다. 오직 이 엄청난 격절감을 온몸으로 감내하면서 산산히 부서져 갈 뿐. 주체의 미산彌散!

20세기 초 조선은 느닷없이 자본주의 세계체제로 편입되었다. 그때 이후 3·1운동까지 문명사회를 향한 맹목적 열정과 계몽적 저항으로 버텼다면, 3·1운동이 끝나고 식민통치가 본격적인 궤도에 오르게 되면서 계몽과 저항의 힘은 현저히 약화되었다. 그것으로 환원되지 않는 '일상성'의 영역이 크게 확대되었기 때문이다. 그와 더불어 '모든 고정된 것이 연기처럼 사라진다!'는 모더니티의 가변성이 부각되기 시작했다. 소월 시에 흘러넘치는 '참을 수 없는 존재의 무상감' 역시 그런 정황에 잇닿아 있으리라.

그러한 정서는 분명 근대의 산물이지만, 그럼에도 근대의 이성적 기획을 계속 무산시켜 버린다. 이성으로 포획불가능한 정서를 유포시킴으로써 이성이 기반하고 있는바, 남성적 기호체제에 균열을 야기하는 것이다. 옛사랑을 찾아 떠나지도 않고, 그렇다고 새로운 사랑을 찾아 나서지도 않은 채, 원인도 목적도 알 길 없는 '존재의 무상감'을 끊임없이 되뇌이는 이 여성을 대체 누가, 어떻게 길들인단 말인가? 근대적 삶의 가변성, 그것이 주는 정처 없음을 끝까지 밀고 가 그 근저를 무력하게 만들어 버리는 것. 소월의 '여성-되기'가 나아간 지점은 바로 거기이다.

4. 만해의 '여성-되기': 사랑의 절대적 탈영토화

만해의 '여성-되기'는 소월과는 전혀 다르다. 무엇보다 그녀가 하는 사랑은 너무나 강렬하다. "향기로운 님의 말소리에 귀먹고, 꽃다운 님의 얼골에 눈"멀 정도로 지독하고, 흙발로 짓밟히면서도 "바람을 쐬고 눈비를 맞으며 밤에서 낮까지"「나룻배와 행인」기다릴 만큼 지고지순하다. 어디 그뿐인가. "나에게 생명을 주든지 죽음을 주든지 당신의 뜻대로만 하서요. / 나는 곧 당신이어요."「당신이 아니더면」, "가슴에서 타오르는 불꽃을 얼음처럼 마시는 사랑의 광인이여"「슬픔의 삼매」, "님의 사랑은 강철을 녹이는 불보다도 뜨거운데 님의 손길은 너무 차서 한도가 없습니다."「님의 손길」등등. 우리말로 된 문장 가운데 사랑을 이보다 더 뜨겁고 아름답게 표현한 걸 찾아내기란 불가능할 정도다. 이 사랑은 '인욕의 경지'를 터득하고 생사를 초월한 사랑이다. 그래서 "강철을 녹이는 불"보다 뜨거운가 하면, "겨울밤에 얼음 위에 쌓인 눈"보다도 더 차다. 그러므로 그 온도를 측정할 수 있는 척도는 지구상에 없다!

열정의 패러독스

물론 소월의 여성과 마찬가지로 이런 '절대사랑'의 대상인 님은 떠나버렸다. 하지만, 이 여성은 그 부재와 침묵을 전신으로 끌어안는다. 사랑하는 순간 이별은 시작되고, 따라서 이별이 없다면 사랑 또한 존재할 수 없다는 역설이 그 동력이다. 사랑과 이별을 손쉽게 나누어 버리는 통념을 전복해 버리는 것이다. 즉, "이별은 미의 창조"이고 "미는 이별의 창조"「이별은 미의 창조」이며, "죽음이 한방울의 찬 이슬이라면 이별은 일천 줄기의 꽃비"인 까닭에 "만나지 않는 것도 님이 아니요 이별이 없는 것도 님이 아니"「최초의 님」라는 근원적 원리가 이 사랑의 출발점이다. 사랑의 탈영토화 운동이 시작된 것이다.

만남과 이별이 둘이 아닌 것처럼 자유와 복종, 정조와 자유의 구별 또한 무의미하다.

남들은 나더러 시대에 뒤진 낡은 여성이라고 삐죽거립니다. 구구한 정조를 지킨다고

……

나는 님을 기다리면서 괴로움을 먹고 살이 찝니다. 어려움을 입고 키가 큽니다. 「자유정조」

남들은 자유를 사랑한다지마는 나는 복종을 좋아하여요.
자유를 모르는 것은 아니지만 당신에게는 복종만 하고 싶어요.
복종하고 싶은데 복종하는 것은 아름다운 자유보다도 달콤합니다.
그것이 나의 행복입니다.

그러나 당신이 나더러 다른 사람을 복종하라면 그것만은 복종할 수가 없습니다.

다른 사람을 복종하려면 당신에게 복종할 수가 없는 까닭입니다.

「복종」

여기에는 1920년대 초반을 휩쓴 '연애열풍'에 대한 만해의 비판이 담겨 있다. '자유연애'의 부박한 풍조에 맞서, 진정한 사랑은 '어설픈 자유' 따위로 가능한 것이 아니라고 말하고 있는 것이다. 「군말」에서 말한바, "연애가 자유라면 님도 자유일 것이다. 그러나 너희는 이름 좋은 자유에 알뜰한 구속을 받지 않느냐. 너에게도 님이 있느냐. 있다면 님이 아니라 너의 그림자니라. 나는 해 저문 벌판에서 돌아가는 길을 잃고 헤매는 어린 양이 기루어서 이 시를 쓴다"고 한 것도 이런 정황과 무관하지 않을 듯하다.

조금 시대가 뒤이긴 하지만, 만해는 『박명』薄命(1938)이라는 장편소설을 쓴 바 있다. 한 여성이 방탕한 남편을 최후의 순간까지 순정과 열성으로 받드는 이야기인데, 저자는 그에 대해 이렇게 말한다.

나는 결코 그 여성을 옛날 열녀 관념으로써 그리려는 것이 아니고 다만 한 사람의 인간이 다른 한 사람을 위해서 처음에 먹었던 마음을 끝까지 변하지 않고 완전히 자기를 포기하면서 남을 섬긴다는, 이 고귀하고 거룩한 심정을 그려 보려는 것입니다. 「작자의 말」

그러면서 그 과정에서 "현대 남성들의 가정에 있어서의 횡포하고 파렴치한 것"이나 "남녀 관계가 경조부박한 현대적 상모가 함께

그려"서준섭 편역, 『한용운 작품선집』, 강원대출판부, 2001, 264쪽지기를 희망한다고
밝히고 있다. 소박한 차원이긴 하지만, 정조와 복종 같은 '오래된 가
치'를 적극 표방함으로써 근대적 연애관을 전복하려 했던 것과 일맥
상통한다.

운명애(Amor Fati)

이렇게 만해의 여성화자는 사랑을 둘러싼 낡은 통념을 전복하면서
생에 대한 긍정으로 나아간다. "생명보다 사랑하는 애인을 사랑하기
위하여는, 죽을 수가 없는 것이다. / 진정한 사랑을 위하여는 괴롭게
사는 것이 죽음보다도 더 큰 희생이다."「이별」그렇다고 이것을 수동
적이고 피학적인 여성성의 발현으로 보아서는 곤란하다. 오히려 이
사랑은 이별의 고통, 죽음보다 더 큰 희생 속에서도 결핍을 알지 못
한다. 그렇기는커녕 이별의 아픔, 복종과 정조 등 '고해의 바다'에 뛰
어들수록 더더욱 완성되고 충만한 열정으로 채워진다. 어떤 상황에
서도 결여와 훼손을 알지 못하는 충만한 신체인 것. 다시 말해, 가장
익숙하고 통속화된 개념들을 다른 배치 속으로 밀어넣음으로써 생
의 심연을 탐사하는 탈영토화 운동을 밀고 간다. 그리하여 그것은 마
침내 생에 대한 절대적 긍정, 운명애에 도달한다.

사랑의 줄에 묶기운 것이 아프기는 아프지만
사랑의 줄을 끊으면 죽는 것보다도 더 아픈 줄을 모르는 말입니다.

사랑의 속박은 단단히 얽어매는 것이 풀어 주는 것입니다.

그러므로 대해탈은 속박에서 얻는 것입니다.

님이여 나를 얽은 님의 사랑의 줄이 약할까 봐서 나의 님을 사랑하

는 줄을 곱들였습니다. 「선사의 설법」

사랑의 속박이 꿈이라면

출세의 해탈도 꿈입니다.

웃음과 눈물이 꿈이라면

무심無心의 광명도 꿈입니다.

일체만법一切萬法이 꿈이라면

사랑의 꿈에서 불멸을 얻겠습니다. 「꿈이라면」

대해탈은 속박에서 오고, '사랑의 꿈에서 불멸을 얻겠다'는 위대
한 역설. 그것은 동체대비同體大悲, 곧 모든 중생의 고통과 함께 하겠다
는 대승불교의 요체에 다름아니다. 「님의 침묵」과 같은 시기의 저술
인 『십현담주해』十玄談註解의 한 구절인 "열반성리상유위涅槃城裡尙猶危：
생사에 집착하면 이미 범부이다. 열반에 구애되어도 성인이 아니다.
생사만 두렵다 이르지 말라. 열반은 더욱 위태롭다"에서도 그런 사유
의 심층을 엿볼 수 있다. 만해 시에 대한 다음과 같은 주석 또한 같은
맥락에서 음미할 수 있으리라.

나의 님은 본시 치성熾盛한 불꽃!

욕망의 변이는 자연스럽네, 나에게로 올 때도 나를 떠날 때도!

사랑으로 올 때 이별 이미 잉태했네. 원한을 품음이 당키나 한가?

나에게로 올 때 다른 이 원한 놓고 왔으리!

구하여도 얻지 못함은 세간의 실상, 생로병사 또한 여여한 그대 모습 아닌가.

생사고해 그 외부가 있다면 어디라도 가겠지만,

그밖은 어디에도 없다네. 여래의 고향도 그곳이라니.

이제 여래의 고향──생사의 바다로 귀환하며 거침없이 노래하리라! '고옥 스님 강의안' 중에서

우주적 비의(秘意)

그와 더불어 이 여성의 사랑은 점점 비의에 가득차게 된다. 그것은 소월 시의 아련함이나 모호함과는 질적으로 판이하다. 숨기거나 감싸기는커녕 모든 것을 있는 그대로 투명하게 드러낸다. 그런데도 아무도 그 의미를 파악하지 못한다. 통상적인 시선과 관념으로는 결코 포착불가능하기 때문이다. 너무도 투명하기 때문에 비밀이 되는 이 기이한 역설.

그러므로 "그림자 없는 구름을 거쳐서 메아리 없는 절벽을 거쳐서 마음이 갈 수 없는 바다"를 거쳐서 존재하는 이 사랑에는 '국경도, 시간도 없'다. 그리하여 마침내 "님의 눈과 님의 마음도 알지 못하는"「사랑의 존재」 지각불가능한 것이 되어 버린다.

바람도 없는 공중에 수직의 파문을 내이며 고요히 떨어지는 오동 잎은 누구의 발자취입니까.

지리한 장마 끝에 서풍에 몰려가는 무서운 검은 구름의 터진 틈으로 언뜻언뜻 보이는 푸른 하늘은 누구의 얼굴입니까.

꽃도 없는 깊은 나무에 푸른 이끼를 거쳐서 옛탑 위의 고요한 하늘을 스치는 알 수 없는 향기는 누구의 입김입니까.

근원은 알지도 못할 곳에서 나서 돌부리를 울리고 가늘게 흐르는 작은 시내는 구비구비 누구의 노래입니까.

연꽃 같은 발꿈치로 가이 없는 바다를 밟고 옥 같은 손으로 끝없는 하늘을 만지면서 떨어지는 날을 곱게 단장하는 저녁놀은 누구의 시입니까.

타고 남은 재가 다시 기름이 됩니다. 그칠 줄을 모르고 타는 나의 가슴은 누구의 밤을 지키는 약한 등불입니까. 「알 수 없어요」

존재의 모든 것에서 님의 흔적을 읽어 내는 이 사랑은 에로틱한 열정이 우주적 사랑으로 나아간 극한을 보여 준다. 우주의 모든 현상에 편재하기 때문에 지각불가능하게 된 것이다. 그러므로 이 사랑에는 완결이 없다. '타고 남은 재가 다시 기름이' 된다는 마지막 구절이 보여 주듯, 절대적 탈영토화의 지대에서 다시 번뇌의 한복판으로 돌아와 그 불꽃 속을 통과하겠다는 발원, 그 속에서 이 사랑은 마침내 불멸을 얻는다.

다시 『십현담주해』를 인용하면, "본래무주불명가本來無住不名家: 불법은 내외 중간이 없고 정해진 곳도 없다. 미리 정해진 곳이 없으니 왜 집이라 이름 붙이는가? 처소도 머물 곳도 없고 집도 없으니 고향 집에 돌아온다는 것은 틀린 것이다." 혹은 「군말」에서 말한바, "님만 님이 아니라 기룬 것은 다 님이다"라는 경지가 이런 것일까.

이 지극한 경지를 호명할 수 있는 의미화의 장은 없다. 1920년대는 말할 것도 없고, 지금 또한 그러하다.

*　*　*

소월의 '여성-되기'가 근대 안에서 근대의 기획을 무산시켜 버린다면, 만해의 '여성-되기'는 근대 안에서 '근대의 외부' 혹은 탈근대의 벡터를 지닌다고 할 수 있다. 그렇기 때문에 이들의 여성성을 한의 전통이나 여성적 수난의 표현으로 읽는 것만큼 텍스트를 무력화시키는 것도 없다. 그러한 해석은 이 텍스트들을 가장 표피적인, 그리고 가장 낡고 고루한 '의미화의 장' 속으로 구겨 넣는 꼴이 된다.

마지막으로 덧붙일 사항 하나. 흥미롭게도 만해는 주로 '했습니다', '하셔요' 같은 경건체를 쓴 데 비해 소월의 여성화자는 섬세하고 연약한 처지임에도 '했노라', '잊었노라' 식의 어법을 구사한다. 그러한 차이는 둘의 사랑이 지닌 질적 차이와도 긴밀히 연계되어 있는 듯하다. 즉, 전자가 언제나 '님을 향해' 말하고 있다면, 후자는 님이 아니라, '자신의 내면을 향해' 말하고 있다는 것, 전자가 님에 대한 절대적 신뢰 속에서 에로틱한 정염을 우주적으로 확산해 간다면, 후자는 님의 부재로 인한 상실감을 근원적 무상감으로 고양하여 존재 자체를 뒤덮어 버린다. 둘의 이런 특이성의 차이가 어법의 차이로 이어졌을 터이다.

아무튼 우리는 소월과 만해의 '여성-되기'의 경로를 통해 다음과 같은 질문을 구성할 수 있게 되었다. 상실감을 견뎌 내면서 정체불명의 '무상성'에 몸을 던질 것인가? 아니면 번뇌의 한복판을 가로질러 우주적 비의를 향해 나아갈 것인가? 솔직히 이 물음은 '지금, 우리'가 감당하기에도 벅차다. 소월과 만해가 펼쳐 놓은 '은유의 그물망'은 그토록 넓고 깊었던 것이다.

5. '여성-되기'와 유머

근데, 뭔가 좀 아쉽다. 소월과 만해의 '여성-되기'가 아무리 멋지다해도 뭔가 허전함을 지울 길 없다. 그게 뭘까? 바로 유머다! 웬 자다봉창 두드리는 소리냐 싶겠지만, 사실이 그렇다. 소월이나 만해의 여성은 비장하다. 저 계몽기 영웅의 메타포로부터 이어져 온 비장함을이들 역시 더욱 눈부시게 변주하고 있는 것이다. 그런데 그걸 감당하려면 그에 걸맞게 아름다워야 한다. 이게 문제다. 그럼, 아름답지도, 멋있지도 않으면 사랑도 우주적으로 할 수 없단 말인가? 아니, 그 이전에 모든 비장함은 무게를 지닌다. 그리고 무거운 것은 언제든 중력을 갖는다. 그러므로 '여성-되기'에 성공하려면, 무엇보다 경쾌해야 한다. 경쾌한 스텝을 밟을 수 있어야 중력장에 포섭되지 않는 '노마드'가 될 수 있다. '여성-되기' 혹은 노마드의 전략적 요체, 그것이 바로 유머다. 이것과 관련하여 꼭 들려주고 싶은 이야기가 하나 있다.

18세기 조선의 어떤 마을에 마흔이 넘도록 출가하지 못한 노처녀가 있었다. 나이도 나이지만, 이 처녀는 "일신이 갖은 병신"이다. 곰보에 한쪽 눈이 먼 데다 귀도 먹었다. 왼손과 왼쪽 다리를 제대로 못쓴다. 이밖에도 신체적 결함이 수두룩하다. 하지만 당사자는 조금도 기죽지 않는다.

예컨대 이런 식이다. "내 얼굴 얽다 마소 얽은 구멍에 슬기 들고" "한편 눈이 멀었으나 한편 눈은 밝아 있네 / 바늘귀를 능히 꿰니 버선볼을 못 박으며 / 귀먹다 나무라나 크게 하면 알아듣고 / 천둥소리 능히 들네 / 오른손으로 밥 먹으니 왼손하여 무엇 할꼬 / 왼편 다리 병신이나 뒷간 출입 능히 하고" "엉덩뼈가 너르기는 해산 잘할 장본이오" "목이 비록 옴쳤으나 만져 보면 없을쏜가" 허 참, 뻔뻔스럽기는! 거기다 한술 더 떠, 행실까지 훌륭하다며 떠벌이는데, "내 본시 총명키로 기역자 나냐자를 십 년 만에 깨쳐 내니 효행록 열녀전을 무수히 숙독하매 모를 행실 바이 없고" "중인이 모인 곳에 방귀 뀌어 본 일 없고 / 밥 주걱 엎어놓아 이를 죽여 본 일 없네 / 장독 뚜껑 벗겨내어 뒷물 그릇 한 일 없고 / 양치대를 집어내어 추목하여 본 일 없네" 웃어야 할지 울어야 할지 모르겠다. 자신의 모든 것을 긍정하는 이 놀라운 반전!

그러니 이 처녀, 혼인하겠다는 야망(?)을 결코 포기하지 않는다.

위아래 형제들이 시집을 갈 때마다 "화증이 폭발하고" 웃었다 울었다 온갖 히스테리를 다 부린다. 그러더니 결국 자기 스스로 혼인을 하겠다고 나섰다. "내 서방을 내가 선택하지 남더러 부탁할까"라며.

먼저 일등신랑감인 김도령과 이등신랑감인 권수재, 두 사람의 성명을 써 가지고 쇠침통을 흔들면서 이순풍, 소강절, 원천강에게 신통함을 보여 주십사 빌었더니, 오호라 김도령이 낙점. 얼씨구나! '큰기침 절로 나고 어깨춤이 절로난다.' 흥분을 가라앉히고 잠깐 잠이 들었는데, 꿈속에서 멋들어지게 김도령과 혼례식을 치렀다. 막 인연을 지으려는 즈음, 아뿔사! 개 짖는 소리에 놀라 잠이 홀딱 깨 버렸다. 열받지 않을 도리가 없다. "미친증이 대발하여 벌떡 일어 앉으면서 / 입은 치마 다시 찾고 신은 버선 또 찾으며 / 다듬잇돌 옆에 끼고 짖는 개를 때릴 듯이 / 와당퉁탕 냅들 적에 업더지락 곱더지락 / 바람벽에 이마 박고 문지방에 코를 깨며" '생쇼'를 한다.

하지만, 지성이면 감천이라 했던가. 아니, '진실로 소망하면 마침내 이루어진다'고 했던가. 그날로 김도령과의 혼사가 일사천리로 진행되는 것이었다. "혼인 택일 가까우니 엉덩춤이 절로 난다 / 주먹을 불끈 쥐고 종종걸음 보살피며 / 삽살개 귀에 대고 넌지시 이른 말이 / 나도 이제 시집간다 네가 내 꿈을 깨던 날에 / 원수같이 보았더니 오늘이야 너를 보니 / 이별할 날 멀지 않고 밥 줄 사람 나뿐이랴." 와우! 좌우지간 매사에 기운이 넘치는 인물이다.

한데, 놀랍게도 소원을 성취하고 나자 "먹은 귀 밝아지고 병신 팔을 능히 쓰게" 되는 기적이 일어난다. 거기다 쌍둥이 옥동자까지 낳아 온갖 복을 다 누린다. 이게 「덴동어미화전가」와 함께 조선후기 서민가사를 대표하는 「노처녀가」의 기본 줄거리다.

어떤가. 이 정도면 이 노처녀는 '여성-되기'에 성공했다고 할 만하지 않은가. 자기의 존재를 온전히 긍정하고, 욕망에 충실하며, 관습의 경계를 자유롭게 넘나든다는 점에서. 무엇보다 '행복하게 살아라!'라는 존재의 명령을 충실히 이행했다는 점에서. 그런데 이것이 가능했던 건 전적으로 그녀의 유머 덕분이다. 그녀가 자신의 운명을 비장하게 받아들였다면, 그녀는 결코 자신으로부터 떠날 수 없었을 것이다.

'허생의 아내'가 허생을 밀어붙이는 저력도 그와 무관하지 않다. 그녀의 눈물 어린 호소에는 청순가련함이 아니라, 지식인의 무능과 허위를 까발리는 풍자와 해학이 넘친다. 관습이나 명분 따위는 아랑곳하지 않는다. 허생이 누군가? 변부자를 후려 만냥을 뜯어내고 그걸로 나라경제를 쥐락펴락했으며, 도적떼를 몰아 변산군도에 유토피아를 건설한 '고수 중의 고수'다. 어디 그뿐인가? 주유천하하다 다시 돌아와선 최고의 권력자인 이완 장군을 가지고 논 인물이다. 그런 그를 그의 아내는 '도적질이라도 하라'며 밀어붙이고 있는 것이다. 오직 그의 아내만이 그 앞에서 이토록 당당할 수 있었다. 유머가 있었기에 가능한 일이다. 그런 점에서 유머야말로 주체와 객체, 내부와 외부를 자유롭게 이동할 수 있는 무기이자 전략이다.

그러므로 노처녀의 불편했던 몸이 치유되는 건 결코 우연이나 기적이 아니다. 그녀가 겪은 온갖 장애가 욕망의 억압을 표현한 것이라면, 욕망이 해소되는 순간, 그 신체적 장애들이 한꺼번에 치유되는 것은 너무도 자연스럽다. 장애를 겪을 때도 그녀는 그것을 결핍으로 받아들이지 않았다. 그러니 소망이 성취되었을 때, 그녀에겐 더 이상의 결핍이 있을 수 없다.

이렇듯, 유머의 힘은 실로 막강하다. 달라이라마의 정치적 비전은 유머로부터 나오고, 절대적 탈영토화를 꿈꾸는 선사들의 선문답은 '우주적 농담'에 속한다. 요컨대, 유머는 봉상스를 전복하는 우발적 특이점이자 유물론적 기초다.

그러므로 '여성-되기'가 노마드의 탈영토화 운동으로 이어지려면, 필히 '유머의 기술'을 습득해야 한다. 어떤 대상과도 접속할 수 있고, 끊임없이 자기로부터 떠날 수 있으려면, 무엇보다 '유머러스한 신체'가 되어야 한다는 것, 부디 명심들 하시기를.

음란서생—포르노그래피와 멜로,
그 어울림과 맞섬

음란서생—포르노그래피와 멜로, 그 어울림과 맞섬

이상한 가역반응

제목부터 착 땡긴다. <음란서생>. 서생이 음란하다고? 조선시대 선비한테 이런 식의 관형어를 붙이다니, 형용모순 아닌가? 하기야, 음란을 붙여도 괜찮을 명사가 어디 있으랴마는 좌우지간 멋진 발상이다. 시나리오 모니터링 결과 100% 만족도를 보인 작품이란다. 그에 걸맞게 과연 재미있다. 한데, 솔직히 말하면 좀 헷갈린다. 지극히 통속적인가 하면 상당히 전복적이고, 포복절도하다 보면 갑자기 멜로적 신파가 화면을 압도해 버린다. 한마디로 여러 가지 정서들이 뒤섞인 작품이다. 그렇다고 이 복잡한 서사들 사이를 가로지르는 어떤 철학적 사유가 숨어 있는 것 같지도 않다. 그저 섹슈얼리티에 대한 다채로운 서사가 모자이크처럼 덧붙어 있다고 해야 할까. 그래서 재밌긴 한데, 뒷맛이 좀 찜찜하다. 이상한 가역반응!

관객동원 267만 명. 참 애매한 수치다. 아니, 초반에 불러일으킨

관심에 비하면 다소 부진한 편이다. 이런 홍행수치와 작품이 환기하는 이 개운찮은 느낌 사이에 일정한 상관관계가 있다고 한다면 지나친 비약일까? 어찌 됐건 이 영화를 선택한 건 무엇보다 이 이상한 가역반응의 정체를 풀고 싶어서였다. 그걸 풀어 가노라면, 포르노그래피와 멜로에 대한 근대적 표상도 대강의 윤곽을 잡을 수 있으리라, 생각한다.

<스캔들─조선남녀상열지사>의 시나리오를 썼던 김대우 감독의 데뷔작이다. 그래서인지 화면의 분위기와 미장센이 많이 닮았다. 특히 궁정의 배치가 둘 다 서양식 분위기를 연출한다. <스캔들─조선남녀상열지사>야 원작이 서양작품이라 그렇다 치고, <음란서생>은 대체 왜 그렇게 했을까? 혹 거기에 조선조의 성에 대한 어떤 편견이 작용하는 건 아닐까? 뭐, 아닐 수도 있고. 하지만, 혹시나 하는 노파심에서 간단한 위밍업을 하고 들어가기로 하자.

조선시대와 섹슈얼리티

각씨네 더위들 사시오 이른 더위 늦은 더위 여러 해포 묵은 더위
오뉴월 복더위에 정든 님 만나 있어 달 밝은 평상 위에 츤츤 감겨
누웠다가 무슨 일 하였던지 오장五臟이 번열煩熱하여 구슬땀 흘리면
서 헐떡이는 그 더위와 동짓달 긴긴 밤에 고운 님 품에 들어 따스한
아랫목과 두꺼운 이불 속에 두 몸이 한 몸 되어 그리저리하니 수족

이 답답하고 목구멍이 타올 적에 윗목에 찬 숭늉을 벌떡벌떡 켜는
더위 각씨네 사려거든 소견대로 사시옵소
장사야 네 더위 여럿 중에 님 만나는 두 더위는 뉘 아니 좋아하리
남에게 팔지 말고 부디 내게 팔으시소

　

수능시험을 치른 적이 있다면, 이것이 사설시조의 일종이라는
것쯤은 쉽게 알아차릴 수 있을 것이다. 사설시조란 평시조가 파격적
으로 장형화된 형태로 조선후기에 널리 유행한 노래양식이다. 위로
는 고관대작에서부터 아래로는 시정의 평민들까지 두루 즐긴, '범민
족적' 양식이기도 했다.

　이 노래엔 꽤나 '야한' 두 개의 장면이 있다. 오뉴월 밤, 달빛 아래
두 남녀가 평상에서 친친 감겨 구슬땀을 흘리는 장면과 동짓달 긴긴
밤에 두꺼운 이불 속에서 두 몸이 한 몸이 되어 뒤엉켜 있는 장면. 저
자는 의뭉스럽게도 대보름날 '더위 파는' 풍속을 시적 장치로 활용하
였다. 뜻밖에도 저자는 신헌조申獻朝라는 사대부다. 조선중기 4대 문
장가 중의 하나인 상촌象村 신흠申欽의 8대손. 고위 관직을 두루 역임
했다. 믿을 수 없다고?

　그럼, 좀더 '쎈' 걸로 하나 더 음미해 보자.

　

간밤에 자고 간 그놈 아마도 못 잊어라
와야놈의 아들인지 진흙에 뽐내듯이 사공놈의 정령인지 사엇대로
찌르듯이 두더지 자식인지 곳곳이 뒤지듯이 평생에 처음이오 흉중

에도 야릇해라

전후에 나도 무던히 겪었으되 참 맹세하지 간밤 그놈은 차마 못잊
어 하노라

　1장에서도 살핀 바 있는 이 작품의 화자는 여성이다. 한데, 이 여
성, 남성편력이 대단했던가 보다. 지난밤에도 한 사내가 거쳐 갔다.
아, 근데 그놈이 어찌나 능란했던지 기와공이 진흙을 뽑아내듯 뱃사
공이 삿대로 찌르듯 두더지가 땅속을 여기저기 뒤지듯 현란한 테크
닉을 구사했다는 것이다. 앞에 나온 신헌조의 작품이 에로물이라면,
이건 단연 포르노그래피에 해당한다. 이 작품의 저자 이정보李鼎輔 역
시 사대부. 조선후기의 문신으로 대제학, 예조판서, 판중추부사 등
요직을 두루 거쳤다. 이 작품을 비롯하여 100수가 넘는 시조를 남겼
다. 사대부들이 이렇게 '야할진대', 일반 가객들이야 말해 뭣할까. 과
연 사설시조에는 이런 유의 진한 에로티시즘과 포르노그래피가 흘
러넘친다.

　하지만 조선조가 낳은 포르노물의 최고봉은 뭐니뭐니해도 「변
강쇠가」이다. 앞서 살펴보았지만, 복습 삼아 내용을 간추려 보자. 평
안도 월경촌에 옹녀라는 한 여인네가 있었으니, '아, 이년은 상부살을
어찌나 지독하게 타고났던지', 열다섯 살부터 한 해에 한 명씩 '남편
을 잡아먹'었다. 그것도 모자라 나중에는 '입 한 번 맞춘 놈', '젖 한 번
쥔 놈' '치마만 스친 놈'들까지 모조리 죽고 마니, "삼십리 안팎에 열
다섯 넘은 총각이 없어" 마침내 월경촌은 "계집이 밭을 갈고" "처녀

가 집을" 이는 사태가 초래된다. 마을의 여인네들은 분노하고, 마침내 그녀는 월경촌 바깥으로 추방되고 만다. 하지만 옹녀는 결코 기죽지 않는다. 떠나면서 그녀가 하는 말을 들어보라. "어허 인심 흉악하다. 황黃·평平 양서兩西 아니면 살 데가 없겠느냐? 삼남三南 좋은 더 좋다더고."

자신의 욕망과 행위에 대해 일말의 죄의식도, 후회도 없다. 위풍당당 옹녀! 그리고 그 길 위에서 '천하의 잡놈' 변강쇠를 만난다. 변강쇠 또한 정력이라면 둘째가라면 서러운 인물이다. 둘은 만나자마자 한눈에 서로의 '내공'을 알아보고는 바로 합궁에 들어간다. 서로의 성기를 예찬하는 '성기타령'을 질탕하게 불러제끼면서(오 마이 갓!). 여기까지도 하드코어지만, 이후 벌어지는 서사는 가히 엽기적 수준이다. 더 자세한 내용은 이 책 2장 「성적 판타지, 그 홈 파인 공간」을 참조

자, 이 정도면 조선시대에 있어 섹슈얼리티의 표현 수위에 대해 대강 짐작할 수 있을 터이다. 더 충격적인 건 이런 작품들이 '공공연한' 장소에서 불려졌다는 사실이다. 사설시조는 말할 것도 없고, 「변강쇠가」 역시 판소리 여섯 마당의 하나로 '열린 공간'에서 버젓이 향유, 전승되었다. 아다시피 판소리 여섯 마당 안에는 「춘향가」, 「흥부가」, 「수궁가」 같은 '범국민적' 레퍼토리도 함께 들어 있다. 사설시조 또한 마찬가지다. 한문투성이의 고답적인 작품과 열정적 에로티시즘, 하드코어적 포르노그래피가 하나의 가집歌集 안에 나란히 실려 있다. 즉, 포르노적인 것과 그렇지 않은 것 사이의 경계가 없었다는, 다시 말해 성적 욕망이 어둠속에서 은밀히 향유된 것이 아니라, 열린

공간에서 버젓이 말해졌다는 뜻이다. 그리고 이것은 조선조 성담론을 이해하는 아주 중요한 키워드다. 얼마큼 노골적으로 표현되었느냐도 중요하지만, 그것들이 어떤 배치 속에서 존재했는가가 더 핵심 사안인 까닭이다. 요컨대 통상적 관념과 달리, 섹슈얼리티는 유교적 엄숙주의와 아주 근접한 거리에서 혹은 약간 어긋나면서 함께 공존해 왔다. 권력과 성욕의 인접성! 푸코식으로 말하면, 조선시대 역시 17세기 유럽에서처럼, "직접적인 몸짓, 뻔뻔스러운 담론, 뚜렷이 눈에 보이는 위반, 노골적으로 노출되고 쉽게 뒤섞이는 인체" 등 한마디로 "육체들이 공작새처럼 날개를 활짝 펴고 있었"다.

하지만 20세기 들어 조선시대의 성담론은 상당 부분 왜곡된다. 이를테면 '조선조는 유교적 엄숙주의로 인해 성이 극도로 억압되었다, 근대에 이르러 비로소 성의 자유와 해방이 가능해졌'는 식으로. 하지만 이건 전적으로 근대적 성담론이 만들어 낸 편견이자 오해다. 주지하듯이, 근대권력은 임상의학과 기독교, 학교, 미디어 등을 통해 전 국민의 성생활을 촘촘히 통제한다. 섹슈얼리티는 곧 인구의 문제와 직결되기 때문이다. 따라서 담론적 차원에서 보자면 조선조에 비해 근대 이후가 훨씬 더 억압적이라고 할 수 있다. 예컨대 사설시조와 우리 시대 대중가요의 노랫말을 한번 비교해 보라. 어떤 전위적인 대중가요도 사설시조만큼 표현의 자유를 누리지는 못한다. 또 근대소설사의 지형에서 「변강쇠가」 같은 텍스트가 나오기란 불가능하다.

다만 근대 이후 멜로와 포르노가 분리되면서 포르노의 영역이 대폭 확장되었다. 자본이 적극 개입하면서 확대재생산되고 있기 때문이다. 하지만, 이건 어디까지나 '어둠속의 날갯짓'일 뿐, 절대 공론장 속으로 진입하진 못한다. 더러 공론장에 불쑥 끼어드는 경우가 있긴 하지만, 절대 어느 수위 이상을 넘지 못한다. 말하자면, 억압되었다가 해방되는 식이 아니라, 조선조와 근대엔 각기 서로 다른 욕망의 배치가 있었을 뿐이다. 일단 워밍업은 여기까지.

여성성, '음란소설'과 접속하다!

영화가 시작되면, 한성 밤거리에 장옷 쓴 여인네들이 그득하다. 장옷을 쓰고 청사초롱을 든 그녀들의 발길이 분주하게 향하는 곳은 유기점, 곧 그릇가게다. 더 정확히 말하면, 유기점을 가장한 세책가. 세책가란 책을 빌려 주는 대여점이다. 소설이나 각종 책들을 필사해서 빌려 주고 영리를 취하는 곳이었다. 조선중기 이후 소설의 유행과 더불어 크게 성행하였다. 한데, 왜 유기점으로 위장하고 있는 걸까? 음란물을 팔기 때문이다. 이 대목이 약간 생뚱맞다. 일단 앞에서 보았듯이, 조선조엔 음란성이 특별한 금지의 대상이 아니었고, 또 소설과 음란소설이 따로 존재하지도 않았다. 하지만, 일단 감독은 조선조에 있어 성욕은 철저한 금지의 대상이었으리라고 간주했던 것 같다. 그래서 음란물의 공간을 별도로 설정해 둔 것이다. 어떻든 북촌 양반집 마나님들이 이 음란물의 독자층이다. 그러니까, 여기는 유교적 질서—남성성, 공공성의 이면에 존재하는 '은밀한 사적 영역'—여성성의 공간이다. 영화는 사대부가의 선비인 김윤서(한석규 분)가 이 낯설고 이질적인 공간과 마주치면서 시작된다.

주인공 장령掌令: 사헌부에 속한 정사품 벼슬 김윤서는 중세사회의 가장 주류에 속한 인물이다. 가문은 공맹의 도리를 지키는 명문가인 데다 자신은 조선 최고의 문장가로 이름이 높다. 하지만, 반대파의 무고로 아우가 잔혹하게 고문을 당하는 사건이 일어난다. 가문의 원로들은 윤서에게 복수를 해야 한다며 당장 상소를 올리라고 난리다. 하지만 윤서는 당최 '땡기지'가 않는다. 윤서가 우물쭈물하자 아내까지 나서서 "당신은 복수심도 없으시오?" 하며 일갈을 한다. 요컨대 김윤서는 가문의 입장에서 보자면 "자기 몸만 지키는 겁쟁이"고, 반대파의 입장에서 보자면 "성품이 온순하고 시류의 흐름을 거스르지 않는 인물"이다. 한마디로 그는 '탈정치화'된 인물이다. 따라서 주류정치의 파워게임은 그의 욕망에 전혀 불을 지피지 못한다.

그의 정치적 성향을 한눈에 말해 주는 장면이 있다. 같은 파 동료 쯤으로 보이는 선비가 김윤서에게 대업을 이루자고 한다.

"대업이 뭐요?"(김윤서)
"아니, 무슨 정신 없는 소리를 하시오. 임가놈 일파를 싹쓸이하고 굶주리고 헐벗은 민초들을 위한 정치를 펼쳐야지!"

그때 윤서가 먹고 있던 음식을 옆에서 시중을 드는 하인들에게 나눠 준다. 그러자 동료 선비가 바로 호통을 친다. '아랫것들 버릇 나

빠진다'는 거다. 입으로는 민초 운운하면서 바로 옆에 있는 민초는 '개코같이' 여기는 것. 대업을 내세워 권력을 얻고자 하는 동료의 거시정치적 지향과 대업 따위엔 통 무관심하지만 인접한 것들과 접속하고자 하는 김윤서의 미시적 욕망이 서로 엇갈리는 장면이다. 따라서 그의 욕망이 여성적인 것, 성적인 것과 접속하는 건 너무나 자연스럽다. 가부장적 질서 바깥에 있는 미시적 욕망이 흘러갈 곳은 거기밖에 없다. 게다가 그는 '조선 최고의 문장가'라지 않는가. 그건 글쓰기에 대한 강한 욕망을 가지고 있다는 뜻이다. 여성성과 글쓰기가 만날 때, 거기가 바로 소설이 탄생되는 공간이다.

한데, 이 대목에서도 약간의 '삑사리'가 있다. 먼저, 이 대단한 문장가의 필력을 한글소설, 그것도 포르노 소설로 연계하는 지점이다. 조선조에서 문장이란 어디까지나 한문으로 된 것이지, 한글로 된 것은 전혀 포함되지 않는다. 대개의 사대부들은 한글을 전혀 몰랐을 뿐 아니라, 한글로 글쓰기를 한다는 걸 상상조차 하지 않았다. 앞에서 나온 사설시조의 경우는 글로 쓰여진 것이 아니라, 노래로 불려진 것이다. 그러니까 조선 최고의 문장가인 서생이 (한문으로 된) 음란물을 쓴다는 건 얼마든지 가능하다. 앞에 인용한 '야한' 사설시조의 작자도 다 고위급 선비들임을 환기하자. 하지만 한글로 소설을 쓴다는 건 그야말로 판타지물에 가깝다. 물론 영화적 설정을 위해 그런 식의 허구성은 얼마든지 가능하다. 하지만 만약 이 간극을 감지하고 있었다면 캐릭터나 상황 설정이 훨씬 더 재미있었을 수도 있다.

또 하나, 조선 최고의 문장가면서 겹쟁이라는 설정이 그것이다.

이건 사실 어불성설이다. 중세적 체제하에서 문장을 익힌다는 건 성리학적 '도道'를 터득하는 일과 분리될 수 없다. 따라서 유학적 도에 무관심하고 정치적으로 소심한 겁쟁이가 최고의 문장가로 이름을 날리기란 절대 불가능하다. 아, 물론 그냥 문사로서 재주를 날리는 거야 얼마든지 가능하다. 아무튼 이런 식의 과잉 설정을 한 건 김윤서의 문장력을 근대적 스타일 개념으로 간주한 탓이리라. 근대소설에서는 문장력과 철학적 명분 혹은 사회적 실천 사이엔 아무런 연관 관계가 없으니까. 특히 "작가라면 이런 색안경 하나 정도는 써야 한다"며 라이방선글라스를 쓰고 어슬렁거리는 장면은 윤서한테 근대적 작가의 이미지를 고스란히 덧씌웠음을 말해 준다.

이 영화의 무대가 철두철미 가상적 시공간인 건 더 말할 나위도 없다. 하지만, 어쨌거나 조선시대의 서생을 중심에 놓다 보니 조선시대라는 시공간적 규정을 받게 마련이다. 그러다 보니 이런저런 '삑사리'가 나올 수밖에 없다. 그런데 아주 공교롭게도 그 '삑사리들'에는 다 근대적 표상이 개입하고 있다. 재밌는데 헷갈린다고 했던 건 일단 이런 지점들 때문이다.

욕망의 새로운 배치 – 포르노와 멜로 '사이'

주류정치의 주변을 어슬렁거리던 김윤서에게 두 가지 사건이 발생한다. 하나는 왕의 총애를 받는 후궁 정빈의 유혹이고, 다른 하나는 음란소설의 공간과 접속한 것이다. 영화의 서사는 이 두 가지 축이 서로 교차하면서 진행된다. 둘은 모두 금지된 것이지만, 둘 가운데 그의 내면에 잠자고 있던 '폭풍'을 일깨운 건 단연 후자다. 즉, 그의 욕망은 음란성 자체에 있는 것이 아니다. 바로 음란소설에 있다. 그의 성욕은 글쓰기를 통해서만 요동친다. 성욕이 둘만의 은밀한 쾌락을 지향한다면, 글쓰기의 공간은 '다중네트워크'가 작동한다. 작자와 필사자, 매니저, 화가, 그리고 독자들. 이 다중적 관계망이 만들어 내는 리듬과 강도는 둘 사이에서 이루어지는 성욕에 비해 훨씬 다이내믹하고 강렬하다. 따라서 윤서가 전자(정빈)보다 후자(음란소설)에 더 쏠리는 것은 너무나 당연하다. 그리고 그게 이 영화의 독특한 점이기도 하다. 섹슈얼리티에 대한 욕망을 글쓰기의 공간과 중첩시켰다는 것, 영화적 재미도 이 공간에서 만들어진다.

이 공간은 전제군주가 다스리는 세계와는 아주 다른 질서를 가지고 있다. 우선, 반상의 위계가 전혀 없다. 정빈의 그림을 짝퉁으로 만든 죄인을 수색하는 과정에서 유기점 주인과 그의 친구들이 직사하게 얻어맞는다. 김윤서는 그들의 장독杖毒을 어루만져 주며 말한다.

"나라에 큰 인물만 있어서 쓰겠는가? …… 언젠가 자네 같은 사람들이 필요한 시대가 올걸세."

신분도 형편없이 낮을뿐더러 하는 일도 '허접하기' 짝이 없는 그들을 진심으로 존중해 주고 있는 것이다. 어디 그뿐인가. 윤서는 유기점 주인에게 보자마자 바로 마음에 들었노라고 고백한다. 후반부에 가면 유기점 주인도 윤서에게 이렇게 고백한다. "나리는 저의 보물"이라고. 이런 식의 '느끼한' 표현은 이들이 생산하는 음란소설이 결국 동성애적 양상으로 나아갈 것임을 예고하는 복선이기도 하지만, 그 이전에 이들의 관계가 신분의 경계는 물론, '통상적' 우정이나 의리와는 다른 아주 '끈적한' 것임을 말해 준다. 말하자면 그들은 음란소설을 통해 아주 긴밀한 정서적 연대를 구축하게 된 것이다.

이들이 공동으로 추구하는 목표는 오직 하나, 독자들을 열광시킬 베스트셀러를 내는 것뿐이다. 베스트셀러가 되려면? '진맛'이 있어야 한다. 김윤서가 유기점 주인에게 묻는다. 진맛이 대체 뭐냐고.

"조선 최고의 명문장가가 그걸 물으십니까? 그야 꿈이지요. 꿈꾸는 거 같은 거, 꿈에서 본 거 같은 거, 꿈에서라도 맛보고 싶은 거 그 맛이 진맛 아니겠습니까요? 아휴, 그걸 모르고 여태껏 글을 쓰셨나?"

물론 이 대사도 좀 생뚱맞다. 다시 한번 말하지만, 조선 최고의 문장과 '진맛'은 아무 관련이 없다. 짐작컨대, '진맛'이란 독자들을 성적으로 황홀하게 만드는 아우라쯤 될 듯하다. 그러니까 성적으로 절정에 이르기 직전, 그 상태의 스릴과 서스펜스를 계속 유지시켜 주는 것 정도라고나 할까.

아무튼 이때부터 김윤서의 욕망이 분열적으로 움직이기 시작한다. 글쓰기를 통해 진맛을 표현하고 싶은 욕망에 사로잡힌 것이다.

그리하여 현실공간에서 진행되는 정빈과의 위험한 로맨스를 「흑곡비사」라는 소설로 옮기면서 장안 여인네들의 마음을 사로잡는다. 그의 필력에 매료된 북촌마님들의 댓글 행진이 이어진다. "아낙네들의 마음을 어찌 그리 잘 아시는지", "바로 제 얘기예요", "님의 글만 읽을 것입니다. 인봉거사 글 좋아하는 것들은 다 쓰레기야. 인봉거사 죽어라", "다음 편을 기다리겠어요, 꼭이에요" 등등. 아주 코믹하고 현대적인 컨셉으로 설정되어 있긴 하지만, 소설을 둘러싼 이런 식의 '관계성' 자체는 아주 적실하다. 조선시대에 소설에 대한 독자들의 반응은 실로 대단했다. 작품의 서사구조나 결말을 바꾸는 데 적극 개입했음은 물론이려니와, 저잣거리에서 강독사가 책을 읽어 주는 경우, 주인공인 영웅이 비통하게 당하는 장면에서 과도하게 흥분한 나머지 관객이 무대로 뛰어올라 강독사를 죽인 일조차 있었다. 그만큼 소설의 공간 속으로 통제불가능한 여러 욕망들이 흘러들어 왔던 것이다.

아무튼 독자들의 열렬한 반응에 힘입어 윤서의 욕망은 한층 강도가 높아진다. 그 욕망의 흐름은 정빈과 내연의 관계를 맺음으로써 전제군주의 권력에 맞설 만큼 대담한가 하면, 의금부 관리, 그것도 가문의 원수에 속하는 인물에게 춘화를 부탁할 만큼 '전위적'(?)이다. 김윤서과 의금부도사는 공적 질서하에서는 원수지간이다. 자신의 아우를 고문한 당사자이기 때문이다. 하지만 그는 작가적 욕심으로 그를 찾아간다. 그의 실감나는 그림을 소설의 삽화로 쓰기 위해서다. 시각적으로 보여 주기를 시도하고 싶은 것이다. 그리하여 의금부 '저승사자'로 불리는 이광헌 또한 이 음란소설의 네트워크에 접속한다. 이렇게 해서 공적 세계에선 원수지간인 인물들이 분자적 욕망의 차원에선 둘도 없는 '소울 메이트'가 된다. 욕망의 전복적 배치!

정빈과의 관계 역시 점점 밀도가 높아진다. 둘은 이제 궁을 나와 연등제 탑돌이 장소에서 밀회를 즐긴다. 창고에서의 뜨거운 입맞춤. 하지만 김윤서는 결정적인 순간에 머뭇거린다. 분노하는 정빈. "그리도 용기가 없소? 사람들이 당신을 겁쟁이라 해도 믿지 않았더니……"

이렇듯 김윤서는 욕망의 새로운 배치 속에서 스릴과 서스펜스를 만끽한다. 소설적 욕망과 정빈에 대한 욕망, 전자가 가상공간이라면 후자는 실제 현실공간이다. 전자가 포르노그래피적이라면, 후자는 낭만적 멜로다. 위험하기 짝이 없는 두 개의 욕망이 줄타기하듯 서로 교차한다. 둘 가운데 음란소설, 곧 포르노그래피적 욕망이 더 우위에 있음은 말할 나위도 없다. 영화 전편에 걸쳐 윤서가 정빈에 대한 사랑으로 고뇌하는 장면은 전혀 등장하지 않는다. 그의 고뇌는 오로지 소설이 잘 안 써지는 데 있을 뿐이다. '진맛'을 제대로 표현하여 그 바닥의 최고 고수인 인봉거사를 누르고 싶은, 그리하여 독자들을 사로잡고 싶다는 욕망, 그가 번민에 빠져 불면을 겪는 건 전적으로 이 때문이다.

"진맛이야 최고죠. 그, 다만 그 뭔가 좀 이렇게 젠 체하는 그런 구석이 있다고나 할까요?" 유기점 주인의 이 짧은 멘트는 여러 모로 흥미롭다. 독자들을 흥분상태로 몰아가는 테크닉은 뛰어난데, 아직 선비로서의 포즈가 남아 있다는 뜻이다. 말하자면, 윤서한테 '서생적 잔재'를 모조리 털어 내라고, 음란성의 강도를 더 높이라고 몰아붙이고 있는 것이다. 과연 윤서는 이 논평(?)에 깊이 자극받았다. 하여, 마침내 마지막 문턱을 넘기로 작정한다. 정빈의 치명적 유혹을 받아들임과 동시에 그 파격적인 '정사 신scene'을 이광헌의 화려한 춘화를 통해 소설에 노출시켜 버린다. 이것은 이중적 측면에서 치명적 도발이다. '왕의 여자'를 건드린 것만으로도 전제군주에 대한 강력한 도전인데, 그것을 포르노그래피로 만들어 버리는 건 멜로적 낭만을 꿈꾸는 정빈 자체에 대한 배반이다. 둘 다 목숨이 위태롭긴 마찬가지다. 음란소설에 대한 욕망이 그에게 목숨을 건 도박을 감행케 한 것이다. 이로써 포르노와 멜로 사이의 아슬아슬한 줄타기는 끝났다. 그럼 이제 무슨 일이?

포르노그래피와 웃음

그전에 잠깐 짚어야 할 사항이 하나 있다. 이 영화가 만들어 내는 웃음의 속성에 관한 것이다. 포르노와 멜로, 두 개의 선분 사이를 넘나들고, 그럼으로써 권력이 부과한 지배적 가치들을 여지없이 뒤흔들지만, 김윤서의 행보는 결코 비장하지 않다. 불온한 그림자도 전혀 없다. 오히려 매우 유머러스하다. 포르노와 해학의 궁합 때문이다. 조선시대 성담론에는 늘 웃음이 따라다녔다. 섹슈얼리티나 포르노그래피를 비극적인 정서와 연계시키는 건 전적으로 근대적 표상의 산물이다. 이미 살펴보았다시피, 중세의 성은 공공연하게, 떠들썩하게 말해졌다. 그 떠들썩함은 웃음을 야기한다. 사설시조의 에로티시즘은 말할 것도 없고, 엽기적 하드코어에 해당하는 「변강쇠가」조차 비장미는 별로 없다. 더구나 그것을 판소리로 공연하는 장면을 한번 떠올려 보라. 슬픔과 비장이 들어설 자리가 없다. 신윤복의 춘화가 야기하는 미감 또한 웃음에 가깝다.

그러므로 상업적 전략에서건 아니면 진지한 작가정신의 산물이건 이 영화가 조선조의 성을 유머로 다룬 건 아주 돋보이는 대목이다. 이 영화가 만들어 내는 웃음의 비결은 한편으론 터무니없는 진솔함에 있지만, 더 중요한 건 그것들이 아주 엉뚱한 배치를 만들어 내는데 있다. 예컨대 김윤서가 아버지의 강요에 못 이겨 상소문을 작성하는 장면. 하지만 그의 마음은 이미 음란소설에 꽂혔다. 하여, 자기도 모르게 '上疏'상소라는 글씨 옆에 '음부'라고 쓰고 만다. 그것은 그 놓여진 자리만으로도 웃음을 야기한다. 당대 최고의 문장가가 '추월색'이라는 필명으로 「흑곡비사」를 쓰는 것 역시 마찬가지다.

영화의 압권은 단연 장령 김윤서와 의금부도사 이광헌이 마주 앉아 소설에 들어갈 삽화에 대해 토론하는 장면이다. 둘이 책상 위에서 아주 파격적이고 새로운 체위를 연구하는 동안, 특수효과를 통해 책상 위에 작은 모형의 남자 둘이 실제상황을 연출한다. 몹시 "신묘막측한" 자세, "따라하면 위험한 자세"를 연구 중이다. 사헌부와 의금부, 곧 국가장치의 핵심수뇌들이 모여 포르노에 관한 세미나를 한다? 포복절도! 하지만, 이광헌은 이 정도론 영 성에 안찬다. 성에 대한 상상력이 부족한 탓에 직접 봐야만 그릴 수 있단다.

윤서가 정빈과 마지막 선을 넘기로 한 건 이 때문이다. 즉, 정빈 자체에 대한 욕망보다 광헌에게 그것을 직접 보여 주고 싶다는 욕망이 더 앞섰던 것. 이를테면 세미나(!)를 더 강도높게 하고 싶었다고나 할까(^^). 윤서는 다시 창고에서 정빈과 재회한 뒤, '몹시 신묘막측한' 체위로 본격적인 정사를 벌인다. 이광헌은 문틈으로 그것을 낱낱이 지켜보고. 정사가 끝나자 윤서와 광헌은 말한다. "우리가 단군왕검 이래로 가장 음란한 놈들일 게요." 글쎄? 음란성 자체야 대단할 게 없지만, 이 상황과 조건이 아주 기가 막힌 건 틀림없다. 아무튼 그날의 정사는 실로 신묘막측했던가 보다. 정빈은 궁에 들어가서도 그날의 황홀경을 계속 음미하고, 또 음미한다.

그런가 하면, 이광헌은 의금부 고문실에서 죄인을 고문하면서도 춘화를 구상한다. 고문당하는 죄수에게 묻는다. "잘 봐봐. 이중에 어떤 게 제일 그러니까, 여자가 완전히 쾌락의 극치에 달한 표정인가?" 그러면서 여러 표정들을 연출해 보인다. 듣기에 난감한 신음소리를 내면서. 그는 이제 의금부에 있을 때조차 춘화에 집착할 정도로 변신에 성공(?)했다. 역시 포복절도!

하지만 이들의 이 기상천외의 행위들은 금기에 대한 저항이나 투쟁이라기보다 유쾌한 분자적 흐름에 해당한다. 그럼에도, 이 그로테스크한 상황 자체가 권력에 대한 조롱이 된다. 말하자면, 저항과 대립을 통해 지배적 가치와 맞서는 것이 아니라, 그저 욕망의 분자적 운동을 따라가면서 다양한 차원에서 균열을 일으키는 방식이다. 당연히 포르노에 대한 탐색이 깊어질수록 유머지수 역시 높아진다.

한데, 초반에 그토록 기세등등했던 가문의 어른들과 아내는 어디로 사라져 버렸을까? 적에 대한 증오심에 불타던 그들이 가문의 기둥인 윤서의 음란소설에는 어떤 표정을 지었을까? 웃어 넘겼을까? 아니면 같이 즐겼을까? 아마도 윤서를 족보에서 "파 버렸을지도"모르겠다. 그들 또한 이 분열적 흐름을 결코 용납하기 어려웠을 테니까.

'궁정식 멜로'의 대반격

하지만 이 분자적 욕망의 유쾌한 흐름은 마침내 치명적인 문턱에 부딪힌다. 후반부, 유교적 명분론과 가문의 명예가 사라진 자리에 새로운 선분이 하나 들어선다. 정빈을 둘러싼 멜로적 관계가 그것이다. 북촌마님들을 통해 「흑곡비사」의 스캔들이 정빈의 귀에 들어간다. 분노하는 정빈. 유기점을 찾아가 「흑곡비사」의 전모를 파악한 뒤, 윤서에게 묻는다.

"이 그림을 그린 자는 모든 것을 본 건가요? 누굽니까……?"
"그림을 그린 사람은 말씀드릴 수가 없소."
"말해 줄 수 없다니, 그게 무슨?"
"그 사람은 그저 나와의 약조만 믿고 일을 맡은 것뿐이오."

"그러니까 그 사람과의 약조는 중요하고, 목숨을 걸고 궁 밖으로 나온 제 맘은 아무것도 아니란 말입니까?"

"그런 것은 아니지만, 아무튼……."

"그랬군요. 그랬었군요."

자신과의 사랑을 이렇게 포르노그래피로 만들어 사방팔방에 팔아 버리다니. 더 기가 막힌 건 윤서가 자기보다 그림을 그린 자를 더 소중하게 여긴다는 사실이다. 이건 절대 용서할 수 없다! 마침내 정빈의 복수가 시작되었다. 성적 서비스로 왕의 마음을 사로잡은 뒤, 김윤서를 끌고 와 처절하게 짓밟는다.

하지만 이제 김윤서는 예전의 김윤서가 아니다. 자신의 작업파트너이자 소울 메이트인 의금부도사를 보호하기 위해 모진 고문을 견뎌낸다. 고문으로 만신창이가 된 아우의 모습에도 전혀 동요하지 않았던 그가, 겁쟁이라며 몰아붙이는 부인의 절규에도 아랑곳하지 않았던 그가, 그 모진 매를 기꺼이 감내하고 있는 것이다. 음란소설과 그것을 둘러싼 새로운 네트워크가 그의 신체와 의지를 강건하게 바꾸어 놓은 것일까? 그렇다. 이제 그에게 있어 음란소설의 공간은 삶의 모든 것이 되어 버렸다. 그 어떤 것과도 교환불가능한.

사실 이 영화가 상정한 권력의 배치하에서 윤서와 그의 친구 같은 무리들을 징벌하는 건 아주 간단하다. 군주의 권위에 도전하고 사회적으로 금지된 음란물을 유통시켰다는 사실만으로도 그들은 죽어 마땅하다. 한데, 여기에 또 하나의 선분이 개입한다. 멜로적 사랑이라고 하는 선분이.

다음은 왕과 조내관 사이의 은밀한 대화다.

"넌 세상에서 젤 불쌍한 놈이 누구라고 생각하느냐? 난, 항상 너라
고 생각했다. 사랑하는 여자를 평생 보기 위해 남자를 포기한 놈,
불쌍하지 않느냐?"

"무슨 말씀이시온지 전혀 알 수가 없습니다."

"그런데 말이다. 이 밤에 너와 이렇게 둘이 있으니 누가 더 불쌍한
지 알 수가 없구나. 니가 이해가 가지 않았었는데, 조금은 알 것도
같구나. 가 보자. 그놈 얼마나 잘난 놈인지 가 보자."

조내관은 정빈을 사모해서 양물을 자르고 내시가 되었다. 왕 또
한 정빈을 지극히 사랑한다. 하지만, 정빈은 여기에 만족하지 않고
또 딴놈(윤서)과 놀아났다. 한데, 그 딴놈이 자기의 마음대로 되지 않
자 한창 애가 달아 있다. 하지만, 왕은 이 모든 사실을 알고 있으면서
도 두 연놈을 작살내지 못한다. 왜? 사랑하니까. 정녕 통속적 멜로의
극치다. 이를테면, 군주의 권력체제 위에 멜로적 관계가 덧씌워져 있
는 것이다. 음란소설의 공간이 유쾌한 분자적 운동이 일어나는 곳이
라면, 이 궁정식 멜로의 공간은 모두가 철저히 자기만의 내면에 갇혀
있다. 접속, 변이가 불가능한 욕망들의 성채!

왕의 친국에도 김윤서는 입을 열지 않는다. 잠시 쉬는 틈을 타,
이광헌은 김윤서를 업고 뛴다. 유기점 친구들과 함께 탈출을 기도하

려던 차, 내시부 감찰관들과 마주친다. 이광헌과 감찰관들 사이의 처절한 혈투가 벌어지고, 이광헌은 결국 죽음의 위기에 처한다. 그 순간, 윤서가 조내관에게 말한다.

"그 사람 죽이면 나도 낙담하여 이 말 저 말 할지도 모르오."

정빈과의 사실을 다 까발릴 수도 있다며, 조내관을 협박하고 있는 것이다. 윤서에겐 정빈과의 사랑보다 광헌과의 관계가 훨씬 더 절실하다. 실로 그렇지 않은가. 아무리 강렬한 섹스를 한다 한들 정빈은 결국 '삶의 저편'에 있는 인물이다. 그에 반해, 광헌은 나와 함께 구체적으로 삶을 만들어 가는 존재다. 누가 더 소중한지는 뻔한 일 아닌가. 결국 조내관은 이광헌을 보내 준다. 그리고 윤서의 입을 막으려다 다른 감찰관에게 죽임을 당한다. 죽어 가는 순간에도 애절한 눈빛으로 윤서에게 당부한다. "믿어도 되는 거지?" 정빈을 지켜 달라는 뜻이다. 오, 사랑의 화신 조내관!

그리고 다시 왕 앞에 끌려 온 윤서. 왕은 말한다.

"너는 한 번도, 한 번도 남자를 사랑해 본 적이 없는 여자를 유혹했다. 그리고 네 놈의 글을 위하여 여자를 이용했지.
어째서 빈말이라도 사랑해서 그랬다고 말해 주지 않는거냐?
어째서 이 여자를 이토록 비참하게 만드는 것이더냐?"
와우! 이 오묘한 욕망의 연쇄고리여! 하도 비비 꼬여서 어디서부터 매듭을 풀어야 할지 모를 지경이다. 이어지는 윤서의 고백은 더 가관이다. 정빈을 만난 이후 그녀에 대한 생각이 한시도 떠난 적이 없다, 하지만, 그것을 사랑이라고 할 수는 없다는 것. 왜냐?

"사랑인지 음란한 욕심인지 분간이 되지 않았습니다."

웃어야 할지 울어야 할지 모를 대사다. 사랑과 음심이 구별될 수 있다는 뜻인가? 그렇다 치더라도, 그 둘을 구별하는 것이 진정 그토록 중요한 사안일까? 그리고, 그게 구별될 때까진 아무 짓도 하면 안 되나? 아무튼, 윤서의 이 유치한 듯 진솔한 고백에 정빈은 마침내(!) 안도의 숨을 내쉬고 저승까지 가서라도 사랑하겠노라는 신파를 연출한다. 목전에서 이 신파를 낱낱이 지켜보던 왕은 마침내 패배를 자인한다. "더 사랑하는 사람이 약자 아니더냐?"라는 더더욱 신파적인 대사를 읊조리면서. 질식할 것 같은 장면이다. 감동 때문이 아니라, 멜로적 진부함에 숨이 막혀서 말이다.

멜로의 정석과 근대

이렇게 멜로의 공간이 대폭 확장되면서부터 영화적 실감은 뚝 떨어진다. 포르노가 몸으로 때우는 방식이라면 멜로는 내면의 온갖 자의식이 망동하는 공간이다. 사랑과 음란함이 구별되고, 사랑의 여러 가지 방식들이 서로 뒤엉키기 시작한다. 조내관은 처음부터 김윤서에게 이렇게 조언한다. 자신의 머리를 가리키며, '여기서 내린 영을 따르시오.' 그리고 윤서의 아랫도리를 가리키며, '거기서 내리는 영을 따르면 모든 게 엉망이 되오.' 하지만 정작 자신은 '가슴의 영'을 따르다 비참한 최후를 맞이한다. 갑자기 정빈을 둘러싸고 삼각, 사각관계가 구축되면서 사랑의 파워게임이 시작된다. 누가 누구를 더 진짜로, 순수하게, 그리고 영원히 사랑하는가를 둘러싸고서.

이 사랑의 게임은 정확히 근대적 연애의 정석을 따른다. 연애는 일본을 통해 서구에서 이식된 개념이다. 3·1운동(1919)이 끝난 직후, 유례 없는 이상열기가 식민지 조선의 청춘들을 사로잡았다. 독립과 해방을 향한 열정이 졸지에 성에 대한 욕망으로 전이된 것이다. 그리하여 '연애에 살고 연애에 죽는' 연애의 시대가 도래하였다. 그리고 그 욕망들의 중요한 메신저가 바로 소설이라는 글쓰기 공간이었다. 즉, 연애의 시대는 곧 이 땅에 소설이 터를 내리는 시대이기도 했다. 그때 이후 소설은 전국민의 가장 충실한 연애교과서 역할을 수행하였다. 사랑과 연애의 모든 공식구를 만들어 내고 세상에 널리 유포시켰다는 점에서. 지금은 물론 영화와 멜로드라마, 각종 대중문화가 그 뒤를 충실하게 잇고 있다.

이 영화가 집착하는 멜로적 순정 또한 그런 표상의 산물이다. 예컨대, 연애를 누가 더 진정으로 사랑하는가를 둘러싼 게임으로 간주하는 것, '탈성화될수록'(음심이 없을수록) 진정한 사랑에 가깝다고 여기는 것, 또 죽음을 불사해야만 순정한 사랑이라 믿는 것, 이것은 모두 육체와 정신의 근대적 이분법에 기초하고 있다. 그건 겉으로는 상당히 순수해 보이지만, 실상 소유욕과 구별되지 않는다. 정빈의 사랑이 그러하다. 그녀는 갖고 싶은 건 단 한 번도 양보한 적이 없는 소유욕의 화신일 뿐이다. 김윤서가 사랑인지 음심인지 구분이 안 간 것처럼 정빈한테는 사랑과 소유욕이 구분되지 않는다. 조내관이나 왕또한 마찬가지다. 그들의 사랑 또한 음심과 소유욕 사이를 왕복달리기 하고 있다. 그러면서도 자신들의 사랑을 순정한 것으로 믿는다. 그래야만 게임의 승자가 될 수 있으니까. 하지만, 관객의 입장에선 몹시 생뚱맞기 짝이 없다. 당최 몰입이 안 되는 것이다. 궁정권력이 왜 저런 식으로 사랑게임에 몰두하는지가 도무지 납득이 되지 않는다. 서두에서 밝혔듯, 궁정의 무대가 지나치게 서구적인 것도 영 부자연스럽다. 이 영화가 야기하는 이상한 가역반응의 대부분은 이 궁정식 멜로의 반격 탓이다.

왜 좀더 시끌벅적한 웃음의 도가니를 만들지 못하고, 멜로라는 삼천포로 빠진 것일까? 무엇보다 멜로적 순정에 대한 감독의 집착 때문이 아닐지. <스캔들―조선남녀상열지사>에서도 그 점은 아주 뚜렷했다. 초반의 역동적이고 파격적인 행보가 후반에 들어서면서 갑자기 사랑과 순정을 설파하는 쪽으로 기우는가 싶더니, 아니나 다를까 죽음으로 마무리되었다. 그와 더불어 영화적 파워도 같이 침몰해 버렸고. 여기 <음란서생>에서도 마찬가지다. '궁정식 멜로'에 대한 집착을 조금만 벗어났더라도 영화는 훨씬 더 경쾌하면서도 전복적인 행보를 이어갈 수 있었으리라.

달리 생각해 보면, 이건 소설의 반격이기도 하다. 음란소설이란 소설과 음란성의 결합체다. 이 영화에서 둘은 공존한다. 하지만, 영화가 진행될수록 점점 더 포르노적 열망이 강해진다. 포르노와 웃음을 향해 계속 질주하게 되면, 소설의 서사적 육체는 해체되어 버린다. 왜냐하면, 포르노는 서사마저 먹어치우기 때문이다. 사드의 『소돔 120일』을 보라. 거기서 소설적 서사는 간신히 형해를 유지한 채 겨우 명맥만을 유지하고 있을 뿐이다. 따라서 소설이 자신의 육체를 지키려면 기필코 포르노적 흐름을 차단해야 한다. 보여 주기에 대한 욕망이 커지는 것도 같은 맥락에 있다. 윤서는 더 실감나게 진맛을 표현하기 위해 춘화를 삽입한다. 그리고 춘화의 수위는 점점 높아 간다. 이것은 진맛을 표현하는 데는 효과적일 수 있지만, 결국 소설의 공간을 잠식하게 마련이다. 그런 점에서도 소설과 포르노의 대결은 필연적이다.

에필로그 – 포르노와 멜로, 그 엇갈린 운명

요컨대, 이 영화는 다양한 각도에서 중세 체제하에서 포르노그래피와 멜로의 한판승부를 보여 준다. 둘은 때로 어울리고, 때로 맞선다. 아니, 어떤 순간에는 처절하게 맞선다. 그래서 이 영화는 재미있다. 한데, 문제는 관객이 서 있는 지점이다. 우리는 포르노그래피의 시대에 살고 있다. 포르노 자체는 더 이상 전복적이지 않다. 그렇기는커녕, 가장 진부하고 체제지향적인 형식이 되고 말았다. 정빈이 연출하는 궁정식 멜로 역시 더 이상 관객을 촉발하기 어렵다. 따라서 이것들의 좌충우돌만을 보여 주는 건 한계가 있다. 즉, 그것만으론 '지금, 여기'에서 한 발 더 사유할 수 있는 지점을 만들어 내지 못한다는 것이다. 그저 성에 대한 농담들의 모자이크, 그 이상의 '진맛'을 맛보기 어려운 건 바로 그 때문이다. 내가 느낀 이상한 가역반응의 원천 또한 거기에 있다.

흥미로운 건 마지막 시퀀스에 포르노와 멜로의 차후 진행양상이 압축되어 있다는 사실이다. 다시 유기점 가게가 나오고 장옷 입은 하녀들의 발길이 「흑곡비사」의 실화기, 그 마지막 편을 찾느라 분주하다. 정빈은 어떻게 되었을까? "궁궐에 있지 뭐. 그냥 몸만 있는 거야." 궁궐 혹은 멜로의 성에 유폐되었다. 이것은 멜로적 공식의 종말이기도 하다. 사랑의 판타지라는 성에 갇힌 자들의 권태로운 일상, 그것이 멜로의 종착지다.

그럼, 윤서는? 포르노의 길을 간다. 바닷가 유배지로 이광헌과 유기점 친구들이 찾아간다. 김윤서의 이마엔 '淫亂'음란이라는 두 글자가 선명하게 새겨져 있다(과연 신세대 관객들이 그 장면을 보고 웃을 수 있었을까? 신세대가 읽기에는 다소 어려운 한자라서 말이다). 하지만 김윤서의 표정은 전혀 무겁지 않다. 오히려 아주 가볍고 경쾌하기까지 하다. 해변가를 거닐며 그는 친구들에게 자신이 새로이 구상하는 음란소설에 대해 말해 준다. "그 의금부의 한 고신관이 남자 죄수를 취조하는데, 죄수를 보자마자 사랑에 빠진 게요. 이 죄수는 놀랍도록 미남자인 데다가 새침한 분위기요. 게다가 이 죄수는 어찌된 노릇인지 괴롭히면 괴롭힐수록 쾌감에 빠지는 체질이요." 제목은 '친구'! 결국 동성애와 사드-마조히즘으로 나아가는 것이다. 동시에 보여 주기에 대한 욕망도 더 커졌다. 이젠 야한 삽화 정도로 만족할 수 없다. 움직이는 그림이 필요하다. 엔딩 크레딧이 올라갈 때 윤서가 춘화가 그려진 책장을 빠르게 넘기며 말한다. 움직이는 그림, '동動영상'이라고. 그렇다. 그가 꿈꾸는 세상은 결국 거기다. 오직 음란성이 자유롭게 살아 숨쉬는 포르노그래피의 세계! 정빈과 작별했듯이, 이제 소설과도 작별을 고해야 한다.

근대 이후, 소설과 음란성, 멜로와 포르노그래피는 서로의 '나와바리'를 침범하지 않고 각자의 길을 걸어갔다. 엇갈린 운명! 우리가 바로 이 지점에 서 있다. 그래서? 범람하는 멜로, 포르노그래피의 홍수 속에서 우리는 과연 행복한가?

쾌락과 윤리, 분리 말고 '동행'시켜라*

파격적 행보로 유명한 조선의 명기, 황진이. 그녀의 당당함은 무엇보다 지적 열정과 편력에서 나온다. 토굴에서 10년 면벽을 했다는 지족선사를 한방에 무너뜨린 후, 그녀는 화담 서경덕을 찾아가 동침을 요구했고, 화담은 기꺼이 허락했다. 밤새도록 갖은 유혹을 다 했건만 화담은 조금도 동요하는 빛이 없었다. 다음날 진이는 화담의 '제자'로 입문한다. 대하소설 『임꺽정』에 나오는 장면이다. 대체 진이는 화담의 무엇을 '실험'한 것일까? 금욕주의? 도덕적 결벽증? 둘 다 아니다. 이 글의 주제와 관련해서 말하자면 '쾌락의 능동적 활용'에 가깝다. 당연히 거기에는 고도의 윤리적 수련이 요구된다. 도덕이 공공의 법칙에 대한 '내적 검열'이라면, 윤리는 어디까지나 '자기배려'의 기술이다. 쾌락과 윤리의 간극 없는 일치가 가능한 것도 그 때문이다.

하지만 우리의 시선으로 보자면 이건 '판타지'거나 '미친 짓'이다. 모더니즘의 배치하에선 윤리와 쾌락 사이에 깊은 강이 흐르기 때문이다. 윤리를 따르자니 쾌락이 '울고', 쾌락을 따르자니 윤리가 '우는' 신파조의 이분법, 이것이 우리가 놓여 있는 자리다. 20세기 초 서구의 도래와 더불어 시작된 이런 배치는 21세기 들어서도 여전히 막강한 영향력을 행사하고 있다. 디지털의 유동성은 모더니즘이 탄생

---

* 이 글은 2013년 5월, 『한겨레』 '창간 25돌 릴레이 기고'에 실린 원고를 수정한 것이다.

시킨 수많은 경계 ── 국경, 성별, 세대 등 ──를 해체하고 있지만, 유독 이 분야만은 예외인 듯하다. 오히려 스마트폰의 도래와 더불어 어린이부터 청소년, 중장년에 이르기까지 쾌락과 윤리 사이의 골은 더한층 깊어지고 있다.

이를테면, 성은 '범죄'와 동의어가 되어 가고, 쾌락은 '중독'과 구별되지 않는다. 회식-알코올-게임이 중년남성들이 밟는 '쾌락삼종세트'라면, 중년여성들은 대책없이 쇼핑-성형-유람의 코스를 전전한다. 이 모든 과정을 관통하는 키워드가 '성욕'인 건 말할 나위도 없다. 좀 썰렁한 유머지만, 요즘 중년남녀의 트렌드는 '애인 만들기'라고 한다. 그것도 하나가 아니라 두세 명쯤 있어야 앞서가는 거라나, 쩝! 노년층 역시 이런 배치에서 자유롭지 못하다. 노년기란 '지혜와 평정'의 시절이건만 어찌된 영문인지 우리 시대는 노년층에게도 성적 쾌락을 선사하지 못해 안달이다. 어불성설! 아무리 성욕을 누린다 한들 그건 회춘이 아니라 노추老醜다. 한편으로는 청춘을 어설프게 모방·표절한다는 점에서, 다른 한편으로는 노년기에 이르러야 비로소 누릴 수 있는 '생의 기쁨'을 깡그리 무시한다는 점에서 그렇다. 이렇듯 우리 시대는 쾌락의 능동적 활용에 참으로 무지하다. 무엇보다 쾌락의 전 과정을 상품과 화폐가 주도하고 있기 때문이다.

쾌락에의 열망과 상품이 만나면? 집착과 중독을 향해 달려간다. 자본은 소유와 증식 외에는 아무것도 알지 못한다. 따라서 상품의 레일에 들어서는 순간, 쾌락 또한 그 법칙을 따를 수밖에 없다. 더 많이, 더 세게, 더 짜릿하게! 당연히 그것은 영혼을 잠식해 버린다. 그 결과 일상의 모든 활동이 '중독화'된다. 알코올, 게임, 쇼핑 등은 말할 것도 없고, 각종 문화활동을 비롯하여 심지어 힐링 및 영성 프로그램조차 중독의 함정에서 자유로울 수 없다.

중독이란 무엇인가? 쾌락의 근거와 이유를 전적으로 외부에서 구하는 것을 이른다. 그전에, 휴식과 충전은 자신과의 온전한 소통을 전제로 한다. 하지만 불행히도 현대인들은 그 방법을 알지 못한다. '우유주사(프로포폴) 사태'가 잘 보여 주듯, 잠조차도 혼자 힘으로 이룰 수 없게 되었다. 휴식과 충전의 과정을 생략한 채 즐거움의 강도를 높이고자 할 때 쾌락의 오남용이 시작된다. 이때부터 내 몸의 주인은 '내'가 아니다. 내가 누구인지, 내가 무엇을 원하는지 전혀 알지 못한 채 맹목적으로 끌려가는 것, 그것이 곧 중독이다. 그런 점에서 중독은 자기소외의 극치에 해당된다. 그리고 거기에는 깊은 절망감이 수반된다. ——"쾌락을 되풀이하고 영속화시키려고 발버둥칠수록 쾌락은 고통으로 변한다."(크리슈나무르티) 절망은 고통을 낳고, 고통은 폭력을 불러온다. 타인을 공격하거나 자신을 파괴하거나. 쾌락의 오남용이 아주 종종 범죄나 질병으로 이어지는 건 이런 맥락이다.

이에 대한 우리 사회의 진단과 분석은 빈곤하기 짝이 없다. 가해/피해, 상처/치유, 개인/사회 등 예의 이분법적 패턴을 더한층 고조시킬 따름이다. 그 결과 소위 가해자들에 대한 법적 처벌의 수위는 점차 높아지고, 피해자(혹은 중독자)에 대한 시스템은 날로 복잡해진다. 당연히 미봉책에 지나지 않는다. 도덕과 법으로는 결코 윤리적 자발성을 끌어낼 수 없는 탓이다. 실제로 처벌의 강화에도 범죄는 날로 늘어나고, 힐링의 범람에도 트라우마는 더더욱 번성하고 있지 않은가.

따지고 보면, 이런 악순환은 일종의 '자업자득'인 셈이다. 우리 시대가 표방하는 삶의 코스는 전적으로 외부의 척도에 맞추어져 있다. 학벌-취업-결혼으로 이어지는 성공의 레이스에 과연 자신의 내적 동력으로부터 유래하는 것이 있는가? 단연코 없다! 인간은 안과 밖, 몸과 마음, 물질과 정신의 교집합이다. 따라서 어느 한쪽만으론 결코 충만감을 느낄 수 없다. 고로, 아무리 사회적 성취를 이룬다 해도 '생의 진정한 기쁨'을 누리는 건 불가능하다. 그저 누리는 척! 할 뿐이다. 그 거짓된 행복에서 싹트는 게 바로 권태다. 또 권태로부터 벗어나기 위한 몸부림이 곧 '변태'다. 변태란 단지 포르노그래피를 뜻하는 게 아니라 쾌락의 극단적 남용을 통칭하는 말이다. 권태 아니면 변태, 현대인이라면 누구나 봉착할 수밖에 없는 가장 불행한 이분법이다.

그럼 이 늪에서 벗어나려면 대체 어떻게 해야 할까? 방법은 의외로 간단하다. 먼저 쾌락과 윤리 사이의 깊은 단절을 '있는 그대로' 인정하면 된다. 침묵하거나 외면하지 않고 직시하는 것. 계보학적으로 따져 보면, 20세기 이후 공적인 것과 사적인 것을 나누고 쾌락의 문제는 전적으로 사적인 영역으로 치부한 데서부터 비극은 시작되었다. 주지하듯이, 동양사상에선 본성을 탐구하는 것과 사물의 이치를 궁구하는 것이 다르지 않다. 즉, 자기를 알아 가는 것과 우주적 원리를 터득하는 것이 대칭적으로 연동되어 있다. 푸코에 따르면, 그리스 시대 역시 정치가가 되기 위해선 자기배려의 윤리가 필수적이었다.

타인을 통치하기 위해선 먼저 자신의 내적 충동과 욕망을 다스릴 수 있어야 한다고 여긴 것이다. '의사는 철학자다', '건강과 지혜는 하나다' 등의 테제가 나온 것도 그런 맥락이다.

그에 반해, 우리 시대는 '자기배려'의 윤리가 철저히 결락되었다. 예컨대, 청소년 시절은 에로스적 충동이 흘러넘치는 시기다. 쾌락의 용법을 익힐 수 있는 적기라 할 수 있다. 하지만 그렇기는커녕 학교는 에로스 자체를 원천봉쇄해 버린다. 그런가 하면 청소년들에게 무차별적으로 주어지는 문화상품은 오직 '섹시코드'뿐이다. 섹시함에서 시작하여 섹시함으로 끝나는, 섹시미의 범람! 공적 장에선 묵살되고, 문화적 장에선 있는 대로 성적 충동을 부추기고. 이런 상황 자체가 변태적이지 않은가. 청년기를 지난 이후에도 이런 조건은 크게 달라지지 않는다. 생로병사의 어느 과정에도 쾌락과 윤리를 동시적으로 사유하고 훈련할 수 있는 기회는 주어지지 않는다. 솔직히 앞으로도 제도적 차원에서 이런 식의 탐구의 장이 마련될 것 같진 않다. 그러기엔 우리 사회의 뚝심과 열정이 너무 빈약한 느낌이다. 하여, 그걸 기대하느니 차라리 각자의 현장에서 '지금 당장' 자기 몸과 욕망에 대한 능동적 탐구를 시도하는 것이 낫지 않을까?

니체가 말했듯이, 우리 몸은 각종 힘들의 각축장이자 능력의 경연장이다. 쾌락은 이 잠재적 힘들을 활용하여 기쁨을 생산해 내는 행위다. "우리는 욕망들을 지닌 채, 새로운 형식의 사랑, 새로운 형식의 관계, 새로운 형식의 창조를 진행해야 한다."(푸코) 그렇다. 쾌락은 창조적인 삶을 위한 원천이다. 따라서 윤리적 훈련과 '나란히, 함께' 가야 한다. 억압도 금지도 아닌, 자유와 행복을 위한 삶의 기술로서의 '자기배려', 또 그것에 수반되는 지적 향연! 진이와 화담이 도달한 경지도 이런 것이 아니었을까.

덧달기 2 얼굴과 운명
—인정욕망의 굴레에서 삶의 주인공으로!

바야흐로 성형천국의 시대다. 초등학생에서 중년, 심지어 노년에 이르기까지 성형은 이제 범국민적 일상사가 되었다. 쌍꺼풀 수술은 기본이고, 양악에서 지방흡입, 전신성형까지 그야말로 '총체적 리모델링'이 대세라고 한다. 유사 이래 자신의 신체를, 또 자신의 늙음을 이토록 거부한 적이 있었던가. 구한말, 단발령이 내리자 '신체발부는 수지부모'(신체의 모든 털은 부모로부터 받은 것)라며 '차라리 목을 자를지언정 머리털은 자를 수 없다'고 격렬하게 저항했던 일이 불과 100여 년 전이라는 사실이 믿기지 않을 정도다.

작금의 세태를 가장 잘 보여 주는 것이 지하철 광고다. 지하철 내부는 한때 대부업 광고가 주를 이루더니 최근엔 성형광고로 도배되어 있다. 성형광고의 화면은 늘 '비포'before와 '애프터'after로 분할된다. 다들 알다시피, 비포는 다 다르지만 애프터는 다 똑같다. 비포에 등장하는 얼굴은 사진 사이즈부터가 작고 아주 누추해 보인다. 최대한 단점을 부각하기 위해 안간힘을 쓴 듯하다. '얼짱 각도'에 맞선 '막장 각도'라고나 할까. 사진들은 이렇게 말하고 있다. '이런 얼굴로 어떻게 살아간단 말인가? 이건 사람의 얼굴이 아냐, 괴물이거나 외계인이지.' 한데, 참 놀랍게도 평범한 얼굴들이다. 나름의 개성과 특징을 지닌. 각도만 조금 바꾸면 아주 근사하게 보일 것도 같다. 그러니 그걸 바라보는 지하철 안의 보통사람들은 마음이 착잡하다. '내 얼굴보다 나은 것 같은데…… 그럼 내 얼굴도……?' 그런 점에서 광고는 일종의 명령이다. '그런 얼굴로 잘살기란 틀렸어, 그러니 당장 뜯어고쳐!'라고 하는. 고치면 어떻게 되는데? 요렇게 탈바꿈된다, 고 보여주는 게 바로 애프터다. 애프터의 얼굴은 일단 사진 사이즈가 아주 크다. 그리고 그야말로 연출의 효과를 극대화한 흔적이 역력하다. 각도며 조명이며, 거기다 '뽀샵' 처리까지. 그러니 결국 다 판박이처럼 같을 수밖에. 비현실적으로 큰 눈과 오똑한 코, 갸름한 턱선, 뽀얀 피부 등등. 개성도 표정도 없는 마네킹 같은 얼굴들이다. 비포와 비교하면 '달라도 너무 달라서' 과연 친구는 고사하고 낳아 준 엄마조차 알아볼까 싶을 정도다. 같은 얼굴이라고는 도저히 믿기지 않지만, 만약 그게 진짜라면 정말 끔찍한 노릇이다. 얼굴이 그렇게 변형되려면 대체 얼마나 뼈와 살을 깎아 댔을 것이며, 또 얼마나 피를 흘려야 했을까? 총상을 입은 것도 아니고, 괴질을 앓은 것도 아니고, 선천적 기형도 아닌데, 대체 무슨 영광을 보겠다고 저토록 자신의 얼굴에 테러에 가까운 만행을 저지르는 것일까? 게다가 이게 좀 별난 이들의 별난 취향이 아니라 범국민적 트렌드가 되었다니, 정말이지 어떤 엄마의 말처럼 "신종 전염병"이 아닐 수 없다.

『동의보감』에 따르면, 얼굴은 안과 밖을 연결하는 창이다. 오장육부의 기운과 직접적으로 연동되어 있을뿐더러, 봄·여름·가을·겨울로 이어지는 사계절의 변화를 고스란히 담고 있는 생생한 현장이기도 하다. 예컨대 눈은 간과 심장, 코는 폐, 입은 비위, 귀는 신장 등으로 이어져 있고, 눈은 봄, 눈빛은 여름, 코는 가을, 귀는 겨울 등에 해당한다. 그러므로 얼굴의 핵심은 이목구비의 형태가 아니라 그 이목구비가 연출해 내는 표정과 생기다. 길흉과 화복, 호오와 애증의 흐름 또한 거기에 달려 있다. 얼굴을 통해 그 사람의 내공을 가늠할 수 있는 것도, 그 사람이 밟아 갈 운명의 리듬을 파악할 수 있는 것도 다 그 때문이다. 성형은 이런 표정과 생기를 지워 버린다는 점에서 치명적이다. 그렇게 탈바꿈해 버리면 무엇보다 얼굴과 오장육부 사이의 연결고리가 끊어져 버린다. 현대의학의 관점에서 보더라도 턱밑의 신경조직은 상당 부분 파괴된다. 그건 자신과의 소통이 불가능해졌다는 뜻이기도 하다. 타인과의 교감은 더더욱 말할 나위도 없다.

그런 점에서 성형을 하는 이유가 자신감을 얻기 위해서라는 건 새빨간 거짓말이다. 솔직히 여기서 자신감은 타인과의 비교를 통한 우월감에 불과하다. 우월감은 소통하고 교감하는 능력과는 거리가 멀다. 그래서 결국 고립된다. 비근한 예로, 세계적인 여배우들의 일생을 한번 살펴보라. 그렇게 예쁘건만 그들은 왜 그토록 외로움에 몸부림치는가? 조울증은 기본이고 약물과 도박 등 각종 중독증에다 심지어 자살충동에 시달리는 경우도 부지기수다. 우월감에 도취되어 자기 안에 갇혀 버린 탓이다. 또 우월감은 순식간에 열등감으로 바뀌기 때문에 이 우열의 레이스는 결코 끝나지 않는다. 또 세월의 흔적은 어찌할 것인가. 그걸 거스르기 위해 안간힘을 쓰다 보면 결국 중독에 빠질 수밖에 없다.

아마 여성들이 성형의 유혹에 빠지는 가장 큰 이유는 짝짓기를 위해서일 것이다. 다수의 남성들에게 사랑받기 위해, 또 만인이 부러워하는 연애와 결혼에 골인하기 위해. 하지만 이건 그야말로 착각이다. 동양의 대표적 운명론인 '사주명리학'의 관점에서 보자면, 여성의 미모를 유별나게 밝히는 남성들은 결코 한 여성에게 만족하지 못한다. 그들의 시선은 늘 더 예쁜 여성들을 향하기 마련이다. 그래서 아주 역설적으로 미모가 뛰어날수록 연애와 결혼에서 더 큰 상처를 입을 확률이 높다.

결국, 성형은 삶의 자신감도, 짝짓기의 결실과도 아무런 관련이 없다. 오히려 삶의 기준을 자신이 아닌 타인에게 두는 인정욕망만 부추길 뿐이다. 아울러 성형이 일반화되면 될수록 여성의 능력을 외모로 판단하는 사회적 편견은 더더욱 심화될 것이다. 이건 실로 시대착오적 병폐다. 주지하듯, 21세기 디지털 문명은 '후천개벽의 시대'에 속한다. 후천개벽이란 대학을 포함하여 지성과 관련한 거의 모든 분야를 여성(혹은 여성성)이 주름잡는다는 뜻이고, 실제로 여성의 사회적 진출은 나날이 확장되고 있는 실정이다. 굳이 여성이 성형수술을 감수하면서까지 '인정욕망'에 휘둘릴 필요가 없다는 뜻이다. 오히려 이제야말로 여성의 진정한 잠재력을 맘껏 발휘해야 할 때가 도래한 것이다.

그 잠재력의 핵심은 지성 혹은 지혜다. 자신의 몸과 일상을 스스로 조율할 수 있는 능력, 소통과 교감을 위한 능동적 실천, 오직 자신의 힘으로 삶의 비전을 탐구할 수 있는 용기와 통찰력 등이 바로 그것이다. 솔직히 인생에 있어 이보다 더 매혹적인 것은 없다. 하여, 지성과 지혜는 언제나 인복을 불러온다. 인복이 곧 네트워크요 코뮤니티다. 이 과정에서 얼굴은 자연스레 바뀐다. 얼굴의 표정과 생기는 곧 '운명의 지도'에 다름 아니기 때문이다. 믿기지 않으면 한번 실험해 보라. 밑져야 본전 아닌가.^^

이것이 우월감과 열등감 사이를 정신없이 오가는 인정욕망의 굴레에서 벗어나 자기 삶의 주인공이 될 수 있는 유일한 길이다. 너무 어렵고 힘들다고? 천만에! 의사의 수술칼 혹은 화학물질에 자신의 얼굴, 나아가 자신의 운명을 내맡기는 것보다는 훨씬 쉬운 길이다. 왜 우리 시대 여성들은 이 평탄하고 드넓은 길을 버리고 왜 그토록 험난하고 좁은 길을 택하는 것일까? 대체 왜?